ALAS MÍSTICAS

¡ES TODO CUESTIÓN DEL ESPÍRITU!

ALAS MÍSTICAS

Déjame ser tu estrella brillante en la noche oscura de la vida. Ayúdame a esparcir el amor de Dios; cumpliremos nuestra misión aquí, continuando nuestro eterno vuelo.

GILDA MIROS

authorHOUSE®

AuthorHouse™
1663 Liberty Drive
Bloomington, IN 47403
www.authorhouse.com
Phone: 1-800-839-8640

Published by AuthorHouse   06/14/2012

ISBN: 978-1-4772-2014-6 (sc)
ISBN: 978-1-4772-2013-9 (e)

Any people depicted in stock imagery provided by Thinkstock are models, and such images are being used for illustrative purposes only. Certain stock imagery © Thinkstock.

This book is printed on acid-free paper.

Because of the dynamic nature of the Internet, any web addresses or links contained in this book may have changed since publication and may no longer be valid. The views expressed in this work are solely those of the author and do not necessarily reflect the views of the publisher, and the publisher hereby disclaims any responsibility for them.

Cover photograph by Antonio A. Mirós.
©Losseres Corporation 2012.

GILDA MIRÓS – autora.

La Puertorriqueña Gilda Mirós, ha actuado en cine, teatro y televisión en México, Puerto Rico y Estados Unidos. Sus programas radiales en vivo, emitidos entre Estados Unidos, América Latina, y España.

Mirós fue la primera Latina; productora, locutora, con un programa radial, de cuatro horas diarias en satélite; desde Miami a Los Ángeles y Nueva York;

Narró audio guías para el *Metropolitan Museum of Art, NYC.* Produjo y narró un documental durante la guerra de Viet Nam, entre otros. Múltiples veces condujo *"La Parada Puertorriqueña"* TV, inglés/español.

Columnista, conferenciante, presentadora de TV; Ostenta grabaciones de Poesías y Meditaciones; con programas en Web Radio.

Como empresaria produjo el 65 Aniversario de la Cubana Sonora Matancera con Celia Cruz, y otras estrellas; Carnegie Hall, y Central Park, NYC.

Otorgada una medalla honorable de Arquidiócesis Católica de NYC; Premiada sinnúmero de veces, por *"ACENYC," "Paoli"* y *"Agueybaná"* de Puerto Rico" y múltiples reconocimientos en Latinoamérica. Portavoz de *"March of Dimes"* y *"Eye Bank, NYC."*

Gilda publicó: *"Mis Mejores Entrevistas de Radio" "Celia Cruz y Sonora Matancera,"* 2003; *"Portrait of Puerto Rico,"* 2005; *"Hortensia y sus Patitos Felices,"* Libro infantil bilingüe, 2006; en una colaboración con su madre Monserrate.

"Memorias de los Espíritus y mi Madre," 2009; *"Spirit Messages to my Mother,"* 2010; *"Mystical Wings" "It's all about the Spirit!" "Alas Místicas" ¡Es Todo Cuestión Del Espíritu!* 2012; formato; carpeta suave, eBook. www.gildamiros.com

Mi madre, Monserrate, recibió un precioso regalo de Dios; poseía facultades extrasensoriales. Mami era clarividente; oía y veía los espíritus claramente; desde niña, le hablaban. Mi querida madrecita también era médium de trance; esta facultad permite al médium recibir a un espíritu; a un desencarnado que desea comunicarse; hablando con los seres humanos.

Todos tenemos espíritus protectores y familiares que por amor y afinidad, se acercan e influyen, en nuestros pensamientos. La mayoría de las personas descartan esos pensamientos como espavientos o fabricaciones de la imaginación; pero gracias a Dios, hay muchos otros, que reconocen con gran amor, gratitud y alegría, que ese soplo espiritual entra por una ventana que se abre al infinito.

Yo no soy médium, me considero una intuitiva, o canalizadora; que con la asistencia de nuestros guías espirituales y la Bondad de Dios, recibo mensajes telepáticos desde el mundo astral; percibiendo a los espíritus, por afinidad, fe y amor.

El amor y las extraordinarias facultades de mi madre nos proporcionaron un acercamiento personal con muchos espíritus de luz. Vivimos experiencias memorables; publicamos libros y con su ayuda pude corregir algunas faltas.

En el pasado, los seres espirituales comentaron varias veces, que me preparaban para proyectos de beneficio a la humanidad, a través de mis libros. Esos pasados episodios y las narraciones de existencias de esos espíritus, se encuentran en mis libros anteriores; más adelante, ejemplos de lo que ellos pronosticaron.

Espíritu de Alberto: *(Esposo en vidas anteriores.)*

Gilda, eres un ser con muchas bendiciones; haz hecho mucho bien y seguirás haciéndolo. Cuando Doña Monserrate se vaya; estoy seguro que nos sentirás, nos verás; quien sabe si nos podemos comunicar, pero hay que esperar el momento perfecto para hacer lo que llaman, la gran obra. Sería esplendido que tú puedas recibir y llevar el mensaje; decirlo a voz alta, al mundo.

Espíritu de Helena: (*Hermana en vidas anteriores.*)

Gilda, quería comentarte; a veces recibes mensajes de Doña Monserrate; en los momentos que ella no puede llamarte, ni moverse, y te lo dice con el pensamiento; tú lo percibes. Eso es que tú estás educando tu mente para bien tuyo y de los seres espirituales. Sin darte cuenta vas adquiriendo la sensibilidad de sentirnos.

Un día pronto, vamos a empezar nuestro cuaderno. Voy a crear un método para dictarte, historias, vidas; es una cosa preciosa. En la mañana hazte una oración corta; estableceremos una comunicación de ideas sólidas; una línea telepática. Dios los ilumine siempre y que haya paz en el mundo.

Todo ocurrió así; durante seis meses estuve trabajando en la preproducción de un audio libro de la historia de la música de Puerto Rico y de sus intérpretes, pero de repente y sin razón alguna, en julio del 2011 se me ocurrió compilar un nuevo libro; basado en mis obras anteriores con los espíritus; así que rápidamente dejé mi audio proyecto; escribiendo lo siguiente como introducción al libro:

Vivimos de una manera veloz; deseando todo lo fácil; llegando al grano rapidito; somos una sociedad distraída; sin incomodidades, espiritualmente inclinada, pero en realidad, materialmente atada.

Publiqué *"MEMORIAS DE LOS ESPIRITUS Y MI MADRE"* 512 páginas y *"SPIRIT MESSAGES TO MY MOTHER"* 428 páginas; pero reflexionando, finalmente comprendí que muy pocas personas tienen el tiempo, ni disposición, para leer tantas páginas, y quise rescatar los mensajes; que no se perdieran.

Pensándolo bien decidí escribir un librito fácil de leer, con algunos de los hermosos y sabios mensajes de nuestros amigos los espíritus, ya incluidos en mis libros anteriores y añadirle mensajes que yo había recibido por intuición, desde que mi madrecita partió.

Obviamente los espíritus tenían su plan a largo plazo porque inmediatamente después que desencarnó mi madrecita, a los 90 años, en el 2006, yo tímidamente me consagré a meditar y a orar, intentando canalizar mensajes; y gracias a Dios lo logramos.

Ya verán como todo lo sucedido, fue intervención divina, coordinado por los seres espirituales de luz.

Noté manifestaciones dirigiéndome hacia una meta desconocida; mis intenciones de cómo compilar el libro cambiaron rápidamente. Al escribir la introducción del libro, recibí el siguiente mensaje.

19 de agosto, 2011.

(Intuición de un espíritu desconocido; en inglés.)

Yes, this is the way; everything starts slowly but there are possibilities to improve quickly; you will see. As you know this is not a coincidence, you are being made aware of many details guiding you; showing you the way. Peace in your heart and soul sister, the miracle of faith makes incredible things happen.

To have faith is to love; to love God, love life and to love thy neighbor. Many chores are before you; select them wisely and continue with your projects. Keep calm; do not let a word or action sidetrack you.

(Intuición del espíritu de mi hermana Helena)

Gilda querida hermanita, soy yo Helena. ¡Ya vez como puedes! Estoy lista para escribir; Monserrate y Alberto también están preparados para contribuir. Dios nos ha hecho muy felices al conceder nuestra petición. Hay que desarrollar un plan, yo te inspiraré.

(Rapidito busqué mis archivos del 2006 al 2011. Durante ese período, los espíritus me ayudaron a escribir: *"Memorias" (Primer libro)* y *"Mensajes de los Espíritus" (Traducido)* Quise cumplir la misión y todos ellos alentaban mi espíritu; asistiendo, sobrellevando dificultades mundanas, que debilitaban mi compromiso.

Pensé que seguramente los seres de luz que le transmitieron los mensajes a mi madrecita, Monserrate, entre el 1963 al 2006, estarían contentos sabiendo que algunos de sus consejos del mundo astral, todavía llegarían a muchas almas.

Nuestros hermanos espirituales nos aseguran que hay mucho más que lo que pueden ver los ojos; que la muerte no existe; que es solo una transición a la vida verdadera.

(La dedicatoria para este libro es del espíritu de mi hermana Helena.)

"***Nuestras almas están unidas por un hilo dorado inquebrantable de amor; hilo que Dios teje, entregándonoslo al crearnos.***

Cambiando de dimensiones el espíritu lleva su tejido luminoso y amoroso que lo acompañará por siempre. En él están incrustados los tesoros del alma; lo bello de nuestras múltiples encarnaciones.

Con él nos arroparemos contra el frío del desamor; es nuestra cobija etérea bendita.

Todos debemos empeñarnos en obrar por el bien del prójimo; es una meta sagrada. Muchos flaquean; necesitando un reconstituyente espiritual, Energía Vital; nuestro libro será un recordatorio espiritual; es nuestro regalo para el mundo.

Los guías espirituales nos dicen: toma una pausa, mira de cerca tu vida, mira tu alma y hacia nuestro Creador. Busca la luz, sintiendo el amor, la paz, y la armonía; así progresarás y serás feliz.

El titulo *"Alas Místicas"* lo tomé de una bella inspiración de Monserrate.

Alas Místicas

Nos encontramos alineados; cruzando una vereda pasiva, silente, pero con un alboroto de Dios. Su sitial divino, es único, transparente, pero sólido a la vez. Impregnado de abolengo, con un señorial patio de meditación y credo.

Somos raíces fuertes, sólidas, de savia eterna, con un gran propósito de progresar y crecer; de seguir cuesta arriba, sin mirar hacia atrás, sin detenernos. Unidos lo lograremos, porque vamos a transitar por esa vereda en dónde hay luz, amor y fuerza apacible; desde ahí vemos una inmensidad de nubes claras y diáfanas, guiándonos.

Lograremos nuestras metas con el fulgor de la luna y del mar que se pasea; soleado, airoso, risueño y a veces muy agitado; nos envolveremos en su vaivén, y en sus acordes musicales cual vidrio que tiñe y brilla;

con su afán de refrescar y embriagar. En su delirio de festejar, es alocado y quieto, con un credo único, Dios; la fuente de todo Poder e Inteligencia en el Universo.

Suprema Inteligencia; gracias por darnos la ternura y fuerza equilibrada de conquista espiritual. Somos hermanos queridos de épocas pasadas y del presente.

Nos columpiarnos todos con la fragancia del césped húmedo; comenzaremos de nuevo a sembrar y cosechar con el amor de nuestro Creador.

La joven Monserrate, escribió una dedicatoria pensando en terminar un libro algún día. Encontré la página después de su cambio y la usé en mis libros.

Mi Libro Azul   1963

Monserrate:

Queridos hermanos, este libro azul; como yo le llamo, es el fruto de una abundante cosecha del jardín de mi vida, de muertos, y vivos; frase muy sencilla, pero que encierra mucho. Dios tuvo piedad concediéndonos la oportunidad de encontrarnos en esta existencia.

Invito a todos mis hermanos a tomarse este vasito de agua, en forma de libro; su sed espiritual calmará. Creyentes, incrédulos, escépticos   obremos juntos marchando adelante esperando milagrosos cambios por bien, en nuestras vidas; si tienen fe en verdad, sabrán que Dios, la Divina Conciencia; se hace sentir en todo lo creado, en toda la eternidad. A   todos   mis queridos hermanos espirituales; en el verdadero mundo vivo, les dedico este mensaje de mi alma; ustedes me inspiraron, sostuvieron, me alentaron y me animaron a escribir estas humildes, definitivamente no elocuentes líneas, con mucho amor y devoción a Dios. Su paz reina en ustedes abnegados seres espirituales; ese árbol frondoso de paz nos dará sombra a todos.

No hay nada mejor que regocijarse, sujetado a las divinas emociones; paz y tranquilidad, que son fuertes y eternos enlaces celestiales. Al buscar y meditar podemos hacer un ramo de flores con el único, puro perfume de Dios. La bondad y el amor son poemas del alma; todos los sentimientos divinos traspasan; como la fe; son *"Alas Místicas."*

Son duraderas, y nos permiten volar a Dios. Amor y amor; es un estado de felicidad, y auto complacencia; ahora me alzo como las golondrinas.

(Regresemos un momento a mi libro Memorias, que demuestra la paz absoluta, de mi madre.)

Espíritu protector:

Querida Monserrate le dijo a un buen ser cerca de ella: *"Yo sé que tengo que irme, no sé si es mañana o pasado mañana; tal vez la próxima semana, o en un mes o sabe Dios cuándo." (Un mes más tarde.) "Cuando me vaya quiero irme liviana; sin equipaje; liviana; que pueda alzar las alas; volar.*

Qué maravilloso poder decir así; tener liviandad; nada de pesadez; sentirse liviana y volar; tener la liviandad de los seres nobles. Los dejo con un pensamiento de paz y amor.

Monserrate recibía mensajes del mundo astral desde su infancia; pero como nació en el seno de una familia estrictamente religiosa; era imposible compartir los mensajes de los espíritus; no fue hasta más tarde en su vida, que pudo revelar esta maravillosa facultad; regalo de Dios, al mundo. Los mensajes significativos y amorosos, de los espíritus de luz continuaron hasta que ella desencarnó.

Somos felices publicando las palabras sabias, que los desencarnados transmitieron en un lenguaje simple; llenando nuestras almas con la esperanza de llevar amor, progreso espiritual, armonía, paz y caridad a todos; con el propósito de mejorar el mundo terrenal.

Los seres de luz aseguran que la Conciencia es el único, verdadero vehículo del Universo; sobrevive al cuerpo con la muerte física.

Monserrate ahora en el mundo de los espíritus que es el verdadero mundo; escribió:

"Sé que no era digna de Su tierno amor. Él me dio paz dentro de mi alma y sólo me pidió una tarea para hacer; compartir su amor con ustedes. Esperamos despertar la magnitud de sus almas a ser más sensibles; tan perspicaces que pueden sentir el pétalo de una rosa rozando sus mejillas o el beso de un copo de nieve."

"Se escuchan cosas hermosísimas al respetar el silencio de nuestros propios sentimientos. Los espíritus de luz, aseguran, que para cambiar el mundo terrenal, primero debemos cambiar nuestros pensamientos; sin embargo, debemos creerlo."

El día que mi madre dio el cambio, era el primer día de la primavera; su época favorita del año. Sus últimas palabras a nosotros; mientras yacía en su cama en nuestro hogar, y consciente de que estaba por irse; son importantes, y confirman el propósito y mensaje de todos mis libros; Dios, amor, fe, esperanza, caridad y vida eterna.

Tomándole su carita en mis manos le pregunté, *"¿Qué sientes? "Júbilo"* dijo. Le pregunté: *"¿Tienes miedo?"* Me respondió en un tono sereno y amoroso: *"¿De qué?"* Ella cerró sus ojos y dejó su cuerpo.

(Interesante descripción de mi madre en trance.)

Monserrate:

Me siento liviana, serena y en paz; es tan agradable. Es una sensación de alivio y soñolencia. Luego oigo unas voces en la distancia que se acercan; es como escuchando una voz por teléfono, y aumentando el volumen lentamente; aunque no siempre recuerdo lo que se ha dicho. Veo celajes, lentos, rápidos, y a veces puedo distinguir las facciones. Algunas veces son figuras vaporosas y otras veces, se muestran más sólidas. De repente siento mi cabeza que se expande; la siento más grande, y por momentos se divide, pero no temo: me siento protegida y sin miedo.

Frecuentemente me transporto a otro lugar muy lindo, con flores, y valles muy bellos. Veo ríos, lagos, siempre todo es apacible, hay quietud y paz. Mucha naturaleza, paisajes divinos que siempre disfruto.

Por ejemplo; hoy veía una escalera en un cerro y pensé: "Esa es la mano de Dios. El hombre no fabrica escaleras en un cerro." Luego acercándome al cerro, veía su forma definida y veía detalles. "Por ahí quiero yo subir y lo voy a lograr", decía yo. "Pero la escalera está muy empinada ¿Y si se tambalea? Yo misma me contestaba: "No, no, yo tengo la agarradera; la mejor." "Es muy, muy, poderosa y no me caigo." Una voz me dijo: "Hermana, tú tienes la habilidad de hacer muchas cosas. Tú hiciste la escalera para los demás." Son cosas maravillosas, inexplicables y son benditas por Dios."

La pérdida de mi madrecita, mi mejor amiga, fue sumamente desgarradora; solo mi fe inquebrantable en Dios, y en los espíritus, junto con las oraciones, me salvaron de la depresión.

Comencé mi rutina de oraciones diarias; gracias a Dios, establecí la comunicación telepática que los seres espirituales nos habían pronosticado.

22 de marzo, 2006.

Tuvimos una ceremonia sencilla para el espíritu de Monserrate; dispersando sus cenizas con un gran ramo de flores al mar. Mis hijos, y mi hermano, regresaron a sus casas.

De vuelta al hogar que había compartido con mi madrecita durante muchos años, me sentía triste e inquieta, pero encontré el lugar adecuado para orar, su butaca. No podía dejar de pensar en mi mamá con oxígeno; luchando por respirar. Pedí asistencia a los espíritus, y ya más calmada, encendí una vela, puse un vaso de agua cristalina y prendí incienso; comencé mis oraciones, colocando mi mano con un bolígrafo sobre una hoja de papel. Tratando de meditar; llorando, recordé a mi hermana en espíritu Helena cuando dijo:

"Hermanita querida, te aseguro que en el futuro escribiré a través de ti: tú me sentirás siempre; hasta que nos encontremos en este mundo de los espíritus."

Enseguida pensé en lo que mi madrecita me había dicho hace unos años: *"Me elevé en espíritu y me sentí flotando, en un éxtasis; así lo supero todo. Hay que tener fe y esperanza; no dejarse aniquilar; sobreponiéndote con ánimo, todas tus situaciones.*

"Sentir lo bello que se llama armonía, eso da felicidad, que dura y perdura. Tienes libertad por la fe; té sientes ágil y capaz." "Estás erguida con energía Universal de Dios y así sobrepasas todas las miserias de la vida. Hijita, repite esto: voy a meditar; me voy a entregar a Dios en este momento.

Te sueltas, te acomodas bien, a gusto y te invade una sensación sana; esos son momentos divinos de la vida. Se necesita postura espiritual; un ambiente único, porque así nada interfiere."

Me acomodé siguiendo esos consejos, y sentía que recibía la intuición del espíritu de mi hermana Helena y comencé a escribir.

(Intuición del espíritu de mi hermana Helena.)

Que la paz de Dios sea aquí; Monserrate está reposando y en paz. Muchos vinieron a darle la mano; ella se siente contenta. Ustedes y nosotros seguiremos nuestra obra espiritual en su honor y en nombre de Dios. Todos la asistimos al pasar de un mundo a otro; no sufrió.

23 de marzo, 2006.

(Intuición del espíritu de mi hermana Helena.)

Paz y amor, hermanita querida, son muchos los pensamientos y emociones en ti; tranquilízate para que captes; para que puedas ser mejor receptora de nuestros mensajes. Mucho se te pedirá de disciplina, para así poder lograr una buena comunicación. Piensa en que tu madrecita ya no tiene dolor, puede caminar y no necesita más pastillas; fue toda una celebración; ¡Jubilo!

24 de marzo, 2006.

(Intuición del espíritu de mi hermana Helena.)

Paz y amor hermanita querida; ustedes todos tienen misiones que cumplir; hablen con Monserrate, ella los escucha y muy pronto podrá comunicarse de una forma u otra.

Monserrate es muy feliz, sintiéndose liviana y entretenida con la belleza de Dios, ella dejó esa envoltura pesada. *(Cuerpo)* Alégrate. *(Me acosté temprano y en la madrugada me despertó la voz de mi madre; suavemente al oído: "Gilda")*

25 de marzo, 2006.
(Intuición del espíritu de mi hermana Helena.)

Hermanita, Dios es Grande, es Misericordioso, Amoroso y Poderoso; no dudes. Ella sigue viva; con una dicha divina. Quien fue tu madrecita y antes tu hija; *(En una vida anterior.)* está aquí, con nosotros. Ella se hará sentir por ti, como yo; créelo. El enorme amor que nos une es eterno.

26 de marzo, 2006.
(Intuición del espíritu de mi hermana Helena.)

Gilda querida, sentirse sin culpabilidad y saber que se ha cumplido con un deber, son las riquezas de cualquier mundo. Monserrate les da las gracias a todos por el cuido, amor, oraciones y las flores; dice: *"Gracias a ese Diosito lindo. Los quiero tanto y tanto, los acompañaré; ya hablaremos."*

Tu amado Alberto *(Esposo en vidas pasadas.)* se comunicará; estamos repartiendo tareas, espéralo. Él nos ama y atiende; es nuestro protector; sí un guía.

27 de marzo, 2006.
(Intuición del espíritu de mi hermana Helena.)

Tranquila hermanita, paz y amor; no llores tanto, Monserrate es muy feliz, te lo hemos dicho; debe descansar; está cansada debido a su malestar físico durante los últimos días de su vida mortal. Despierta y alegre está; es la felicidad de una obra bien hecha; de dar todo su amor y recibir mucho a cambio.

Ella los ama a todos, desea hablarles; llegará el momento preciso. Estamos cuidándola y guiándola; es un gran esfuerzo y trabajo de equipo. Monserrate, da las gracias.

28 de marzo, 2006.
(Intuición del espíritu de mi hermana Helena.)

Predica con el ejemplo; la verdadera fe es sólida, no se agita ni se desmorona.

Monserrate estaba semi-dormida, cuando el final se acercaba; ella tenía paz, una gran paz. Los movimientos irregulares espásmicos del cuerpo, que vieron, ya no eran ella. Gracias a Dios que todos sus seres queridos la recibieron, mecieron y abrazaron.

Extrañas mucho a tu madrecita, es natural, eran dos almas unidas por gran respeto, amor y afinidad. Nuestra querida Monserrate, está bien; todavía debe reposar; su tarea fue ardua; estaba fatigada, muy cansada. Ella te ama como nosotros; como yo, dice: *"Gracias Gilda por quererme."*

2 de abril, 2006.

(Intuición del espíritu de mi hermana Helena.)

Hermanita estamos aquí, creerlo; a tu lado, siéntelo; como siempre; ahora con Monserrate que está bien; todavía un poco débil, pero feliz y en paz.

Tú no deseas la vida terrestre, por eso lloras; añoras lo que llaman el más allá; nuestra verdadera casa en el Universo; desde allí los cuidamos y velamos por todos ustedes. Dios es Justo; nos ama.

(Intuición del espíritu de mi madrecita Monserrate.)
(Primera comunicación después de desencarnar.)

No llores por mi hijita, yo estoy bien; tengo paz, y mucho que hacer. Es tan precioso aquí.

6 de abril, 2006.

(Intuición del espíritu de mi hermana Helena.)

Hermana querida, que gran alegría que hoy no lloraste, despertaste con ánimo; gracias por seguir nuestros consejos, por amarnos como nosotros a todos ustedes; están siempre en nuestra agenda.

Que dicha poder recordar a una madre con amor y gratitud, muchos no tienen siguiera eso; ellos son los verdaderos huérfanos de ese mundo. Ese recuerdo tierno de tu madre te impulsa, te llena; tomas vuelo y te levantas para cumplir con tu misión.

Nuestros pensamientos están entrelazados en amor y comprensión.

(Intuición del espíritu de mi madrecita Monserrate.)

Hija mía, estoy aquí con Helena, Alberto y todos esos amores nuestros y muchos más que tú aún no conoces, ni recuerdas, pero todos te amamos; te agradezco el atenderme. También deseo acompañarte como antes. Dile a mis nietos y a Nel que los amo; bendiciones para todos.

10 de abril, 2006.

(Intuición del espíritu de mi hermana Helena.)

Hermana querida, sé lo mucho que nos quieres; comprendo tu desolación por su ausencia; pero ten calma y fe como siempre la has tenido. Deja que la vida siga; con la serenidad, todo se resolverá, créeme. Ella no está solita, sino bien acompañada y muy consciente de su gran valor; fue una maravillosa médium. Dios la bendiga.

("Día de las Madres" Mi hijo Karym llegó de NY para pasarlo conmigo. Me dijo que yo le guiñé un ojo, moviendo la cabeza en aprobación; yo no me di cuenta de nada de eso.)

20 de abril, 2006.

(Intuición del espíritu de mi hermana Helena.)

Somos uno; una sola esencia, unidos a nuestro Padre por inmenso amor; fraterno y eterno.

Hoy hace un mes que nuestra Monserrate dejó su cuerpo material, convirtiéndose en esencia pura; como el buen perfume. Mes difícil por la separación física, y por el ajuste necesario cuando el ser se despoja de un peso. *(Cuerpo)* Un mes lindo de alegre despertar, de ver las cosas como realmente son; un mes de repasos y de encuentros amorosos. Monserrate tenía a muchos que la esperaban con gran amor; ella es muy amada y también consentida por todos.

Es una niña buena, rubia, feliz; que ríe y corre con sus cabellos sueltos y sus manos como aves.

(Intuición del espíritu de mi madrecita Monserrate.)

Hija mía, te amo; despidiéndome de tu mundo me veía entre árboles frondosos; me acariciaba una brisa; era una cuna espiritual; el sol me calentaba y veía a un ángel meciéndome. Helena, Alberto y toda nuestra familia espiritual me acompañaba; me dormí y me quedé. Lo que viste del cuerpo buscando aire sácalo de tu mente; tíralo, no era yo, era un cuerpo disfuncional. Los amo a todos; gracias, Padrecito.

1 de mayo, 2006.

(Intuición del espíritu de mi hermana Helena.)

Si, hermana querida, podemos hablar así por ahora; es un medio importante; no creas, es una gran tarea que tenemos por delante. Ya ves que sí se puede; haz recibido pensamientos de tu madre querida. Sigue tu marcha redentora; sabemos que lograrás tus metas que son las nuestras; ayudar a la humanidad doliente. Practica y verás resultados.

(Recordé el primer mensaje telepático, del espíritu de mi hermana Helena, dirigido a mí en el 2005.)

"Hola hermana querida, vamos a probar hoy; debo saber si recibes este mensaje; si tenemos éxito, usaremos este método en el futuro como medio de comunicación, cuando Monserrate no esté disponible, aunque ella todavía no se va de tu mundo.

Que gran alegría siento al saber que nuestro propósito, nuestra misión, se logrará, con la ayuda de Dios. Todo esto es necesario; es un adiestramiento preparando el organismo como receptor de nuestros mensajes. A veces tedioso por lento, pero al final da frutos, te lo prometo.

Recuerda, debes estar cómoda, a gusto, libre, sin ataduras; ni frio, ni calor; tranquila, apacible; a cualquier hora; preferible en la mañana, porque así tu cerebro está en calma. Tu respiración profunda como meditando; relájate, escucha los pajaritos.

La espalda erguida como una antena; todo cuenta, todo tiene que ver en la ejecución de un proyecto. Hay magnifica disposición entre muchos espíritus, para ayudarte con tu meta; persigue."

3 de mayo, 2006.

(Intuición del espíritu de mi hermana Helena.)

Paz y amor hermana querida, una vez más venimos para felicitarte, y exaltarte a continuar con tu obra. Sigue tus corazonadas y tu intuición, que en el pasado te han dado buenos resultados. Es difícil, pero fácil, porque entre todos existe gran amor, afinidad y comprensión. Nuestros pensamientos se unen con facilidad; te susurramos al oído.

Monserrate está como un pichoncito en el jardín de Dios; está entretenida con tanta belleza. Le gusta mucho caminar y pasearse entre las flores; la acompaña frecuentemente su hermana Pura y el sobrino Peter las visita.

Deja de llorar; al contrario, debes estar contenta porque ya Monserrate no tiene dolores. Tú sufriste viéndola sufrir a ella; tanto la amaste que su dolor era tu dolor, pero ya pasó. Su alegría debe ser tu alegría; ella se aflige cuando lloras, ayúdala; aún está levantando vuelo, no debe estar apenada; ayúdala, como lo hacías.

Los pajaritos en tu ventana te alegran; traen mensajes de amor y alegría; tonificando tu espíritu. ¡Cuantas historias lindas tengo para contarte! ¿Cómo lo haremos? Dios con su Sabiduría nos dará los medios para ejecutar, lo que más conviene.

Desarrollaremos un plan de trabajo en un tiempito, no te desesperes; con la ayuda de Dios, y de nuestros guías lo haremos.

5 de mayo, 2006.

(Oré, esperando intuición; no recibía; pensé que los seres no estaban disponibles; de pronto llegó la intuición del espíritu de mi madrecita Monserrate.)

Hija mía, tan querida que eres; hoy me tocó a mí, iniciar la comunicación; por eso la demora en comenzar. Te amamos mucho; sé que me extrañas, que quieres verme, y charlar conmigo como antes; algún día será, confía en ese Padre Bondadoso.

Estoy bien, Gilda, estoy bien; no más dolores, *"Solo Júbilo."* Nuestros pensamientos se mezclaban por la gran afinidad entre nosotras. Siento infinita alegría; me emociona al poder transmitirte mis pensamientos; es nuestro medio amoroso, por ahora; me tranquiliza saber que los recibes, y que los aplicas y compartes con mis amores. *(Nietos, hijo.)*

(Intuición del espíritu de mi hermana Helena.)

Paz, amor hermana querida; cierto, Monserrarte se entusiasmó muchísimo; ha seguido instrucciones y como oyes; se lanzó al agua; es una buena discípula. Está llena de Energía Universal Vital, y a la vez liviana; repleta de amor y paz.

Ya verás que bien saldrá todo; los cambios en el libro quedaron bien; captaste nuestras indicaciones. Tu amado Alberto está aquí; nos acompaña; él es calmado y meticuloso; en el ayer te calmaba, pues tú siempre fuiste un espíritu bullicioso.

7 de mayo, 2006.

(Intuición del espíritu de mi hermana Helena.)

Paz y amor hermana querida; es cierto, estás progresando, adelantando; pero, sin el apoyo de tu madre, tu vida hubiese sido muy triste, mucho más difícil; a ella le debes mucho de tu progreso espiritual.

Monserrate te suavizó, enseñó y te guio; ella es feliz sabiéndolo; era parte de su misión y cumplió. Tenemos metas desconocidas; palpables solo en el momento dado.

Sabemos de tu felicidad con estos momentos de unión espiritual; nosotros también. Hemos estado asistiendo a muchas familias y niños sufridos; nos conmueve su desdicha, pero estamos prestos para ayudar y consolar. Deseamos ser útiles y llevarles alivio; esa es nuestra meta. Monserrate se unió a nuestra tarea; ella siempre ha sido benévola, por siglos y siglos. Dios la bendiga.

Me complace verte preparándote para mayores y mejores proyectos espirituales, eso perseguimos todos con la ayuda de Dios. Todo es cuestión de perseverancia sistemática; nuestra misión apenas comienza; sigue con tu fe, ánimo y alegría. Tus libros son testimonio de la inspiración divina.

(Intuición de espíritu desconocido.)

You have been a so called *"Channeler"* for a long time; the product is tangible, this is nothing new; you must advance. Don't waste your valuable time on earth, on trivia; please focus, and go on.

12 de mayo, 2006.

(Intuición del espíritu de mi hermana Helena.)

Hermana querida, si prestas atención a Dios; lo encuentras en el aire, en la naturaleza, en el canto de las aves y hasta en tu respiración. Dios está en todo y todo es Dios. Todo tiene vida y todo es eterno. Mira bien la belleza de un niño recién nacido; ahí viste a Dios, también en la sonrisa de todos los niños; ahí está Dios, en ti yo veo a Dios. Que bonito el silencio de las almas que meditan; buscan un aliento espiritual. Estás logrando un sueño tuyo, de comunicación entre dos mundos; pocos lo logran. Hay una razón poderosa; la fe y el amor entre todos; y tu persistencia que es enorme.

Gilda ten calma, aprende a relajarte, no corras, contempla las nubes como se deslizan, suavemente, *"Softly"* es más fácil cuando te tranquilizas. Que no te entristezca la ignorancia ajena, apénate por la tuya. Cada cual busca la luz, al sentirse en la obscuridad.
(Intuición de espíritu desconocido.)

Yo soy Javier, primera vez que vengo aquí. Traigo un mensaje amoroso, de tus oyentes desencarnados. Ellos te recuerdan y te agradecen; oran por tu regreso a la radio. Dios sabrá si es posible; nosotros te queremos y te apoyamos.

God is our Savior, our plank to safety. Hold onto to Him tightly, He will hold onto you, in the same way.

20 de mayo, 2006.

(Intuición del espíritu de mi hermana Helena.)

Paz y amor hermana querida; el tiempo vuela; solamente los diestros lo aprovechan bien.

Te cuento que Monserrate es toda una maestra en botánica; tú desconoces esa faceta de su espíritu. En el pasado, estudiaba y experimentado con las plantas medicinales, es una de sus grandes pasiones, por eso la afinidad de siglos con Yamara. *(El noble espíritu de Yamara, fue guía/control de Monserrate, en sus inicios como médium en desarrollo; guiándola durante muchos años.)*

Ellas trabajaron juntas en una existencia; fue en Francia; sanando cuerpos con plantas importadas de la *"Indias"* como se decía; compartieron cultivándolas, y estudiándolas en una isla. Se han reunido esos buenos espíritus y tienen proyectos muy útiles para el futuro; tu madrecita es muy feliz.

(Intuición del espíritu de mi madre Monserrate.)

Amada hijita así es; soy muy feliz. Que sorpresa confirmar que mi espíritu estaba, y está, entregado a sanar con el uso de las plantas; es una dicha.

Sí, Yamara es un espíritu ilustre; muy adelantado; vino a visitarme. Es una maestra bella y buena; yo la amo muchísimo; ella nos asistió cuando ustedes eran niños; mientras era mi guía. Por ella tú pudiste lograr el comienzo de tu carrera; ayudó a Nel en el ejército, y a Miroslava, recién fallecida; al entrar en nuestro círculo familiar; somos una gran familia. Tengo muchas tareas pero aún así, estoy cerca de todos ustedes.

24 de mayo, 2006.

(Intuición del espíritu de mi hermana Helena.)

Paz y amor hermana querida; si soy yo Helena, traigo rosas para todos. Monserrate tiene la facilidad ya, de intervenir entre ustedes.

Karym *(Mi hijo.)* ayer la escuchó, era ella; su amor y abnegación son tan grandes que la impulsan; con el tiempo podrá hablar mejor y repito, la verán. Es el gran regalo para todos; son los milagros de Dios. Somos una familia muy amplia y unida en paz y amor; cada uno tiene una meta, y la cumple, así ustedes también lo harán; confiamos en cada uno.

Hay muchos seres benévolos aquí; también nos visitan espíritus en busca de oraciones, consuelo, misericordia, y amor; aquí lo encontrarán. Nosotros les damos una mano amiga; los guiamos hacia la Luz Potente y Divina de nuestro Creador; hacia allá, ellos quieren ir. No mas dolores, ni penas, ni llanto, solo la Gloria de Dios.

Yo por mi parte sigo buscando los medios para tener mejor comunicación, y así poder completar lo que comenzamos a través de Monserrate; tenemos mucho que hacer Gilda. Las historias son lindas, y reveladoras, dignas de contarse; sigue con tu tarea, en nombre de Dios.

22 de junio, 2006.

(No escuchaba los pajaritos en mi ventana.)
(Intuición del espíritu de mi hermana Helena.)

Paz y amor hermana querida; el ruido del ambiente mundano calla el gorjeo de los pajaritos, pero ellos están ahí, trinando; así el mundo no ve ni oye a los espíritus; ellos también están a su lado, susurrando mensajes amorosos; un cántico a Dios.

El bullicio, el ruido, los compromisos, opacan los sentimientos puros; hay que rescatarlos aquietándonos; escuchando atentamente, las voces íntimas, que nos hablan de lo que realmente vale; lo que perdura; que es el amor, el espíritu, Dios.

Prestando atención aprendemos; hay señales por todas partes; nos guían, advirtiendo, dirigiendo. Muchos sucumban por insistir en cerrar sus ojos y oídos a Dios, y a sus mensajeros. Hermanita, tus ideas están a tono, fluyen con certeza; estás recibiendo constantemente, eres un buen vehículo.

(Intuición de un espíritu desconocido.)

We hope that soon you will be able to have spirit vision; it is a present to you, but you must be ready; not yet. Go on in peace with your studies, they are helping your soul's growth. We all send you loving thoughts of health and peace.

25 de junio, 2006.

(Intuición del espíritu de mi hermana Helena.)

Paz y amor hermana querida. Monserrate está muy satisfecha con su pasada encarnación; dio mucho, mucho, amor, y fue reciprocada por todos; ella repartió cariño y valiosos consejos. Muchos la recuerdan, jóvenes y viejos; hasta sus enfermeros y médicos; creyentes y ateos la recuerdan con gratitud y amor. Ella lo sabe y se regocija; que mejor regalo.

Querida Gilda, se feliz con tu obra, tu fe y tus amores, aunque invisibles; son sólidos en su amor.
(Intuición del espíritu de mi madre Monserrate.)

Hijita, Helena es una gran maestra; me estimula con su sutileza y buen sentir. Su fe es como una roca inquebrantable, es fuerte pero liviana.

Ella es una hija mía; recuerda que yo la crié en una existencia. Nuestras encarnaciones han permanecido entrelazadas numerosas veces; por afinidad, amor, entusiasmo y mutua complacencia.

Anoche lloré contigo, mientras copiabas los versos de mi poeta, Gustavo; son exquisitos, brotan de su alma añeja y juvenil; un amor sin barreras de siglos. Me conmovieron; se me habían olvidado esos escritos que tú rescataste; mis papeles estrujados que guardaste; cuantas cosas lindas encuentras en ellos, para el libro. *(Memorias.)*

No pienso ya en las pequeñeces del camino estrecho, y mundano, ahora mis veredas son anchas, amplias, soleadas, frescas; caminos de Dios con flores fragantes. En este mundo todos hacemos grandes esfuerzos por olvidarnos de las cadenas corporales, porque pesan; desechándolas. ¿Porque arrastrarlas? Nos estorban el paso, fuera cadenas.

29 de junio, 2006.
(Intuición del espíritu de mi hermana Helena.)

Buenos días hermanita, paz y amor. Te cuesta tanto trabajo calmar tu mente, siempre fuiste así, tu ansiedad por hacer te impulsa; aprende a relajarte un poco más. El Creador nos favorece permitiendo estas comunicaciones de amor, estudio y enseñanza. Somos dichosos en tener una unión tan bella para lograr nuestras asignaciones.

Los relatos que han recibido a través de los años son regalos para la humanidad.

Espíritus están deseosos de repartir su esencia, cuitas, amores y aspiraciones a los hermanos que buscan el porqué de la vida y la paz espiritual. Son tan importantes esos documentos añejos y nuevos; gracias por darles un lugar en tu vida y en tu obra.

Slowly you will achieve a smoother reception; calm yourself, you're restless. It's natural, because it is too much. We, as sisters in our recent lifetime in New York, were bilingual; even speaking some French, and we understood a little Yiddish.

Our spiritual bonds are a sound foundation for this magnificent structure that we are all erecting, as a monument to God; His Compassion, Love, Generosity.

We are obliged to share our stories with the world. There are many looking to believe in the soul, in eternal life; that is our market, as they say. We all become one, as we reach for the stars. Thank God for giving us these wonderful moments of love and peace, while we enjoy His wonders.

3 de julio, 2006.

(Intuición del espíritu de mi hermana Helena.)

Paz y amor hermana querida; todo tiene un porqué; hasta lo más insignificante, tiene un motivo. Solamente hay que indagar y aprender a leer las señales por el camino difícil de la encarnación. Es posible que cobráramos mayores fuerzas, sin saber que las poseíamos, y una determinación firme, se apropiase de nosotros, sosteniendo nuestra fe y los propósitos vivos y activos.

Juntos alabamos a nuestro Padre Benévolo, por comunicarnos, es casi imposible entre dos mundos; pero nosotros somos los verdaderos vivos. Nuestros propósitos son grandes, nuestras metas enormes y nos sentimos dispuestos de lógralas por bien de nuestros hermanos menos afortunados. Con una meta, la vida, sea cual sea, se desliza.

(Intuición del espíritu de mi madrecita Monserrate.)

Hijita mía, que fuerza amorosa siente Helena; ella es muy determinada, por eso logró encontrarnos   y unirse a nosotras, en la presente encarnación; en este intercambio de amor.

Ríete; no llores hijita, yo soy feliz; veos cosas y lugares maravillosos. He visto paisajes de mis vidas pasadas, muy bellos, con elementos muy positivos de la historia de mi espíritu; y me complacen.

Si, si, me encontré con Gustavo, mi poeta; gran romance. *(Historia en Memorias.)* Bendito por Dios. *(Expirando, Monserrate vio a Gustavo; su madrecita, a su hermana, a un ángel, y demás amigos.)*

Tienes que sentir alegría por mí; olvídate de mi enfermedad; yo ya la olvidé.

17 de julio, 2006.

(Intuición del espíritu de mi hermana Helena.)

Paz y amor hermanita querida; con gran alegría te saludo; sé que nos esperas con amor y devoción. Alberto es un buen embajador; te amó en el pasado, y sigue amándote.

Tu madrecita nos acompaña con tareas tristes; combatiendo el odio, la agonía, hambre y aflicción; todo lo penoso de esa vida terrestre. Los seres humanos se destruyen por falsas creencias; hay tantas victimas inocentes. Nosotros llevamos consuelos, inspiraciones, pensamientos positivos y oraciones; asistimos por el amor de Dios

1 de agosto, 2006.

(Hoy experimente algo especial. Oré; con mano sobre una libreta, meditaba. Sentía gran paz; una sensación agradable, serena; creía que mi cuerpo se alargaba, que me elevaba; escalofríos, alfilerazos en mi espalda, y lágrimas bajaban por mis mejillas.)

(Intuición del espíritu de mi hermana Helena.)

Si hermanita querida; esa es una señal nuestra, confirmando que estás desarrollando tus facultades síquicas poco a poco, con la ayuda de Dios. Tendrás gratísimas manifestaciones para que puedas hacer una buena caridad. Tu fe es grande; es tu baluarte.

Sigue tu sistema; lo tienes; todo marchará en armonía, nada de apresurarte. Hay tantos espíritus asistiendo y orando por ti; es un ejército de ángeles y almas bondadosas que te inspiran; por eso no puede fallar el proyecto, ni tú.

Tendrás los datos necesarios para completar tus historias. Tu amado Alberto fue Alejando en una vida anterior; han estado juntos en cuatro encarnaciones.

(Intuición del espíritu de mi madrecita Monserrate.)

Hijita, estoy aquí; traigo bellas flores de un campo Universal, de un jardín de Dios; acompañada por mi hermana Pura. Si, si, Alberto es tu gran amor del ayer; él te sigue llamando Malena. Bailaron, y amaron, en Argentina luego en Nueva York.

Siempre estamos presentes, aunque dividimos nuestro tiempo; yo acompaño a Helena, Alberto y a Gustavo con sus tareas; nuestras vidas de espíritu, son muy interesantes.

Deseo conversar contigo mucho para contarte lo que hay acá. Es un paraíso y mucho más para las almas buenas; van y vienen seres lindos, nobles, e ilustres con propósitos sagrados, hay lugares bellos y tanto amor entre todos. Hijita adorada, madrecita buena, gracias por tu preocupación constante en tenerme bien; siempre lo recordaré; di el cambio en paz, créeme.

Dice Alberto: ¡Como no amarla; si es singular!

Hijita, un gran amor te ha hecho falta en esa vida, lo sabemos, pero haz logrado otras cosas, y lograrás más, porque lo mejor está por llegar. Persiste con tus papelitos, estamos a tu lado siempre.

Tu tía Pura está aquí, mandándote muchos besitos de espíritu. Nos buscamos; ha sido mi parienta muchas veces; ella siempre buenaza. Mi amado Gustavo está contento con tu libro. Gilda, sigue, sin desfallecer; Dios te ayudará.

(Intuición del espíritu de mí amado Alberto.)

Malena querida; soy Alberto, también fui Elpidio; he tenido numerosos nombres; nos hemos amado mucho. Eso es felicidad; una estela de amor puro, sacrosanto.

Tendremos otros encuentros amorosos en un plano mayor, en un ambiente de sosiego, de belleza y felicidad absoluta. Dios es tan Bondadoso; entrégate siempre a su Providencia; cumple, espera y el bien aparecerá a su tiempo.

Fe es lo más grande y poderoso que poseemos; con fe nos levantamos y seguimos nuestro camino, a veces tenebroso; pero sabemos que Dios nos ama y nos permite tomar las riendas en el asunto, y que así, podemos resolver. Con fe sólida venceremos todos los males de la vida, y aliviamos el diario vivir.

26 de septiembre, 2006.

(Intuición del espíritu de mi hermana Helena.

Paz y amor hermanita querida; Lina. *(Mi apodo en otra vida.)* Gracias por tu afecto; si, quisiéramos que nos vieras, pero es un proceso; se logra con fe, amor y perseverancia, hay que esperar.

Esas hojas viejitas que copias contienen sanos consejos para todos los tiempos; vienen de seres nobles, que desean la felicidad para sus hermanos. Todos los espíritus que participaron te lo agradecen; ese es su legado. El amor nos envuelve, nos cobija y nos protege.

(Intuición del espíritu de mi madrecita Monserrate.)

Querida hijita; todos estamos ocupados y muy contentos al ser útiles, asistiendo a muchos seres recién fallecidos que llegan constantemente; bebitos, niños y ancianos. Hay muchísimo que hacer aquí,

Tenemos mucho empeño en realizar una gran obra a través de ti, y sabemos que no fallarás. Tu fe y determinación permiten que logres tus metas; es cuestión de disciplina, persistencia y de hacerlo.

Este mundo es tan bello; yo lo había visito en trance; ¿Te acuerdas? Lo vi varias veces; Dios es Bondadoso con todos. Aquí yo visito las bibliotecas para hacer mis estudios de Botánica; mi camino está trazado para el futuro, cuando Dios me lo permita, Él me dará esa alegría; pero todavía falta.

Deja de pensar en mi cuerpo quebrantado, piensa en mi espíritu rebosante y liviano. Dios me carga y mis hermanitos me arrullan; soy dichosa, se tú feliz, deja que las ráfagas de Dios te levanten; nade de lo mundano te afecte; todo eso es pasajero.

7 de octubre, 2006.

Al despertar esta mañana escuché la voz de mi madrecita: *"Gilda,"* inmediatamente tuve la visión de un álbum verde con piedras multicolores incrustadas con letras blancas que decían; *"Álbum de la Madre."*

(Intuición de un espíritu desconocido.)

Sí, sí, lograremos la escritura automática; sigue, intenta. Nuestras metas son las mismas; nosotros también buscamos más manifestaciones.

(Intuición del espíritu de mi hermana Helena.)

Paz y amor hermana querida; todo a su tiempo con animo, fe y calma. Estás preparando tu cuerpo; la serenidad favorece al mecanismo, sigue con paciencia. Estás llegando al final de una jornada y luego tendrás gran satisfacción de haberla cumplido.

Nuestra amada Monserrate es una mariposa, un pajarito cantor que vuela alto y lejos. Su liviandad de espíritu le permite eso; su conformidad en vida y su generosidad, amor, y fe, la prepararon para este lado. Definitivamente ella es feliz; no llores más: nuestras lágrimas se unen, para convertirse en una gran lágrima. *(Intuición del espíritu de mi madre Monserrate.)*

Hijita mía, ten paciencia, tus escritos van bien; fíjate, los había olvidado; no me acordaba de tanta belleza en los mensajes; recibí tanto amor de los espíritus, eran mis compañeros, desde niña. Gracias por conservarlos; como han perdurado; contienen puro sentimiento, son cosas de Dios. Te ayudaré a descifrarlos; aunque ocupados, pero donde quiera que nos encontremos atendemos a los llamados. Si, esta mañana te llamé; fui yo, y me escuchaste; te mostré mi álbum de dibujos; lo viste. Gracias Padre.

20 de octubre, 2006.

(Intuición del espíritu de mi hermana Helena. Lago.)

Paz y amor hermana querida. El arte en nuestras vidas es poderoso, ha realzado nuestras existencias. Hemos traspasado barreras por esa pasión de expresión en muchas formas. Dichosos los seres que llevan el arte en sus genes del espíritu; nunca estarán solos, ni sentirán la indiferencia del mundo; solo volarán con las alas de sus ideales.

Este lugar con sus patitos y su amplitud te ha hecho muchísimo bien, te permite enfocarte en la sublime; era necesario en esta etapa. Monserrate es parte de este paraje; perdurará en tu memoria por siempre. Muchos vienen y vendrán aquí, buscando refugio, y levantarán sus alas de la desesperación terrenal a los anhelos divinos. Los pajaritos gorjean, cantan, su trinar dice: *"Soy feliz."* Recuerda que para recibir nuestros mensajes tu mente debe estar quieta; practícalo a veces.

Durante el día, habitúate a controlar tu mente; escucha los pajaritos; camina, date un paseo en la tarde. Te acompañaremos por turnos, por momentos; tenemos tareas que nos llenan de alegría espiritual. Le servimos al mundo, a nuestro Creador; aún estamos aprendiendo; son grandes lecciones para todos.

Sigue tu obra; estás bien encarrilada, tienes grandes ilusiones, y lograrás tus propósitos. Deseas ayudar y orientar con ese bello libro *(Memorias)* que se está formando; será un banquete espiritual para muchos. Monserrate dijo el día de su partida, mientras miraba al cielo: *"Ahí está Dios; ahí voy yo. Amaos los unos a los otros."* Así es.

22 de octubre, 2006.

(Intuición del espíritu de mi hermana Helena.)

Paz y amor hermana querida; hoy como todos los días llegamos con bienandanzas para todos: envueltas en nuestro amor; son regalos espirituales del Universo; una muestra de cariño.

Las lindas e interesantes historias que llegaron a través de Monserrate, gracias a su guía Luz; son un testamento de este bello y verdadero mundo del espíritu. Los que dudan, comprenderán, aprenderán, que la Consciencia sobrevive después que el cuerpo se calla; cuando la gran transición ocurre; no hay nada que temer, solo hay que amar y esperar.

Dios con su Bondad Infinita, nos manifiesta su amor en todo, mientras transitamos por distintos mundos durante nuestra evolución. Hay amplio terreno que ver y recorrer, hay muchas opciones para el espíritu; basta con desearlo; enmendarse, aprender y seguir la dirección indicada.

Gilda, tienes un guía que te cobija, y tu ángel guardián; dos entidades distintas; ambos te cuidan con las comunicaciones.

Agradécele a Dios, a ellos; el amor, la protección; los seres de luz se complacen asistiendo Serás compensada; persiste, asciende, sin parar; tu antorcha es Dios; iluminando tu camino. Lo que te dije hace años, es una milagrosa realidad, tan y tan bella.
(Intuición del espíritu de mi madre Monserrate.)

Hijita querida, recuerdo cuando eras niña que te gustaba que te hablara y te cantara; fíjate aún tienes la misma costumbre de escucharme; ahora en esta forma tan especial que Dios nos ha otorgado; ese Dios querido nos da esta dicha de estar en contacto. Besitos de espíritu para todos.

25 de octubre, 2006.
(Intuición de espíritu desconocido.)

Por Gracia de Dios puedo saludarte, y desearte bienandanzas puras, sinceras y gloriosas. Soy José, fui sacerdote; ahora soy un espíritu amigo uniéndose a tu energía; a tu deseo de producir un manifiesto bendito, si, bendito, porque contiene plegarias y pensamientos Glorificando a Dios; que Él te bendiga hija, hermana, amiga; adelante.

(Intuición del espíritu de mi hermana Helena.)

Paz, amor, hermana querida, te llegarán más mensajes nuestros y de otros. La historia nuestra en Manhattan crecerá *(Memorias)* también la vida en Argentina; son encarnaciones lindas.

Poder reunirnos en dos estados de conciencia y compartir, es obra del Creador. Tú no comprendes aún la enormidad de este proceso. Solo Dios, los seres de luz y los hermanos superiores, en bondad e intelecto saben valorizar bien, esta hazaña grandiosa del espíritu. Escribiendo te embargará la apreciación mayor de los hechos, de lo que significa este obsequio de Dios. Tengo mucho que contarte; tendremos tiempo para hablar; habrá un modo más amplio y convincente.

Con mayor elaboración; es cuestión de acomodar las fichas en su lugar. Gilda, te has ganado muchos premios en este mundo del espíritu y en el tuyo, pero te esperan más menciones honoríficas por tu labor; estás en pos de grandes logros, para todos, y el mundo; eres nuestra delegada. (*Lloré de alegría; es un honor.*)

5 de noviembre, 2006.

(Intuición del espíritu de mi hermana Helena.)

Paz y amor hermana querida; nuestra técnica está mejorando y repito, no es fácil; es un conjunto de muchos elementos unidos para realizarlo; tendrás instrucciones de cómo hacerlo mejor. Buscando lo lograremos; cuida tus pasos en la búsqueda. Dios es tu guía; no temas, pero se cautelosa. Estamos a gusto con tu obra, comportamiento y tu disciplina. Muchos notan tu espíritu radiante, lleno de fe; es bonito y especial.

Tan unidos estamos que lo que tú sientes, es compartido; muy importante que no pierdas tu paciencia, afecta a todos. Tu educación espirita está formándose; verás frutos por las enseñanzas que has recibido; tus deseos de compartir tus conocimientos. Lograrás el resultado deseado; que la palabra de Dios, con toda su pureza y justicia, llegue a los más necesitados. A los que tienen su terreno listo para sembrar y recoger sus semillas; bellotas de amor divino para nutrir el espíritu.

(Intuición del espíritu de mi madre Monserrate.)

Hijita querida, tu amado Alberto, muy pronto te hablará; él está pendiente de ti y de todos nosotros; somos muchos que nos amamos y nos apoyamos. Tú no sabes lo amplio, y fascinante que es todo esto; me he encontrado con viejos amores, aparte de Gustavo; motivo de bellos recuerdos y grandes emociones. Son alegrías eternas; rencuentros con nuestros amados, que nos hacen tan felices.

Somos todos plantitas; cada una con sus colores, formas y propiedades sanativas; aliviando, adornando, o simplemente amando.

10 de diciembre, 2006.

(Intuición del espíritu de mi hermana Helena.)

Paz y amor hermana; repito que escribiré bien a través de ti; no te desanimes por la demora, lo haremos; Alberto también asiste en este proyecto, con la ayuda de Dios. Todo marcha poco a poco, es un regalo para todos, y para el mundo. Dios nos permite aventurarnos a nuevas sendas de expresión para bien de nuestros hermanos.

Las historias de nuestra familia de espíritus, son fascinantes, preciosas. Alabado sea Dios.

(Intuición del espíritu de mi madre Monserrate.)

Hijita querida, yo también escribo; tú eres mi co-piloto, Dios es nuestro Gran Piloto; con los guías; ángeles, como los llaman, asistiendo. Me encanta esta tarea.

Gustavo aún me ama y me acompaña; que dicha. ¿Te acuerdas de ese ángel maravilloso? ¿Que me cobijó? ¿Que vi varias veces? Pues, él también está muy cerca de mí; es un gran espíritu protector. Lo veo tan bello; con sus alas doradas y plateadas; es su luz, porque nosotros no tenemos alas acá. Él me sostuvo cuando me dormí y me ayudó a despertar en paz, con plena Conciencia; gracias, gracias a él y a Diosito.

La páginas que copias me llenan de inmenso júbilo, sí me regocijo; contienen tanto amor y fe, es un legado bellísimo.

Estoy agradecida porque pude servir; asistiendo con esas comunicaciones sabias de los seres de luz; con un enorme valor. Hijita querida, no hay nada mejor que la paz; es luz, es iluminación.

28 de diciembre, 2006.

(Intuición del espíritu de mi hermana Helena.)

Que la paz y el amor de Dios te cobije, te aliente y te siga impulsando para terminar tu obra.

La paz es tan, tan necesaria, y que poco la apreciamos. Es la raíz de nuestra existencia; por ella podemos orar, pensar, obrar y crear nuestra propia armonía. Es nuestra estela de dicha que nos guía, y nos sigue. Sin la paz, la vida es el tal llamado infierno; creado por los seres humanos. Que bien se siente cuando hay paz.

Nosotros promovemos la paz, la caridad, amor, la indulgencia, y la compasión; esa es nuestra tarea. Que esas virtudes lleguen a todos los rincones del mundo.

Todo lo bueno es posible y viene, cuando uno se abre a la bondad y al amor. Sigamos con nuestras antorchas encendidas, adelante; buscando, llevando paz, y luz al mundo; es nuestra misión y felicidad.

Todos estamos expuestos a lo positivo y a lo negativo; nuestras defensas espirituales nos cuidan, nos protegen; mantienen cobijados con el manto Benévolo, Amoroso, de Dios. Nada nos turba con esa armonía y amor; somos guiados por ángeles de paz, enviados queridos de buena voluntad; ayudándonos a cumplir misiones. Somos uno; todos somos uno.

(Intuición del espíritu de mi madre Monserrate.)

Hijita, estoy cerquita de ustedes como siempre. Esa encarnación reciente, me sirvió mucho; aprendí y me redimí con mis dolencias, pero pasó; ya no me duele nada. Yamara, mi guía espiritual cuando era joven, me asistió, y me asiste ahora; ella volvió al final. Somos una familia que nos hemos amado por siglos.

15 de enero, 2007.
(Intuición del espíritu de mí amado Alberto.)

Buenos días Malena, me encanta la lectura de tus notas. Nos acercamos amigos y colaboradores en espíritu y disfrutamos mientras tú repasas, copiando documentos. Son importantes trozos de nuestras existencias; el resultado del amor más puro que existe entre dos mundos.

Los publicarás pronto y serán recibidos con el mismo cariño que sientes al transcribirlos. Nuestro libro será el compañero de muchos en sus días de tristeza y de soledad; lo tomarán en sus brazos y darán gracias a Dios y a los seres de luz que lo inspiraron. Las virtudes nos levantan, las llevamos en la frente, son los tatuajes del espíritu.

(Intuición del espíritu de mi hermana Helena.)

Paz, amor, hermana querida; la energía positiva que sientes es maravillosa; viene del Universo y de un buen hermano que se acercó con su amor.

Que muchos deberes contienen esos papeles; en realidad no sabíamos que ocurriría, lo hicimos espontáneamente, pero Diosito sí lo sabia. Él nos guío: había, y hay un propósito bello, sublime y útil. Yo también estoy sorprendida con la extensión y el poder de la palabra escrita con devoción y con disciplina. Hará mucho bien; eso me llena de alegría. Trabajamos juntas en el pasado y estamos obrando juntas de nuevo; que dicha, Padre, gracias.

(Intuición del espíritu de mi madre Monserrate.)

Hijita buena, es emocionante ver tu devoción con los papelitos de pensamientos de hermanos amorosos; ellos dejarán una huella de amor en este mundo; algunos quisieron hacerlo en sus vidas y lo hicieron ahora en espíritu; es algo extraordinario.

Las láminas con flores en el libro son lindísimas. ¡Que felicidad estar cerca!

Me sientes, cada vez nos sientes. Yo siempre lo supe; presentía tantas cosas; un maravilloso regalo de Dios y de nuestros guías.

23 de enero, 2007.

(Intuición del espíritu de mi hermana Helena.)

Paz y amor hermana querida; tenía ansias de comunicarme, para decirte lo bello que son los documentos en tu mochila. Estamos contentos y satisfechos con esos mensajes de amor y luz, que guardaste, preservaste y darás al mundo en nuestros nombres por uno, todos por uno; Dios. Es un trabajo arduo pero de gran satisfacción; las herramientas nos enseñan la tarea por delante.

Gilda, te sentirás muy feliz con lo que viene; esos mensajes colectivos por intuición que recibes son validos, créelo. *(Dudaba de mi habilidad.)*

Tenemos una agenda para ti; ya pronto sabrás lo que preguntabas del diseño. *(Mientras viajaba en avión noté las nubes más abajo, muy bellas; y con cámara a mano, tomé fotos; quedaron lindísimas y pude usar una, para las cubiertas de los libros.)*

Estamos agradecidos por esta comunicación que nos mantiene unidos. Sabes que tu madrecita está contenta; que te acompaña, que te asiste, como lo hacia antes con tu carrera, aún lo hace mientras escribes y copias.

Son sus inspiraciones, sus escritos, no olvides; pídele asistencia, que ella está presta siempre. *(A veces no comprendía algo escrito por mami, o era un borrón, y le pedía asistencia; ella me ayudaba inspirándome; me revelaba las palabras.)*

(Intuición del espíritu de mi madrecita Monserrate.)

Hijita querida, no podía quedarme atrás. ¡Que gran sorpresa esta! Podemos hablarnos, escribirnos; gracias a Dios, Helena, Luz *(guía/control)* a todos.

25 de enero. 2007.
(Intuición del espíritu de mi hermana Helena.)

La paz de Dios para todos, y para los soldados que gimen; Padre pon tu mano; paz en el mundo.

Gilda querida, anoche un buen ser se te acercó, estabas inspirada; hay un grupo de hermanos que te acompañan; ellos se complacen en asistir; son tus colaboradores invisibles, Hay escritores, editores y publicistas, trabajando en conjunto, para mostrarte el camino. Este libro tiene buenos padrinos, el libro de Monserrate; su *"Libro Azul." (Memorias)*

Varios seres esperan para darle toques al libro; artistas deseosos de cooperar; maestros del pincel que aman a Dios y esta obra.

Dios nos proporciona posibilidades todos los días para corregir nuestras vidas; cada amanecer es una oportunidad; trae esperanzas. *(Estaba cansada.)*
(Intuición del espíritu de mi madre Monserrate.)

The hill is steep and sometimes our steps are slow as we climb; but slowly and with determination; taking our time, shifting our weight, we eventually get to the top. We do have the best guide; God.

Spirit hugs and kisses from Mom. *(Mi madrecita me dibujó una pequeña flor.)*

7 de febrero, 2007.
(Intuición del espíritu de mi hermana Helena.)

Paz, amor, hermana querida; Dios te dará todo lo necesario para terminar nuestra obra; somos muchos contando contigo, es un compromiso moral que no puede quedarse interrumpido. Tendrás bríos, aliento espiritual y fuerza magnética de nosotros, para trabajar constantemente; olvidándote de penas, concentrándote en lo tuyo; lo que está entre manos.

Dios dirá cual es el próximo paso; asistencia divina recibirás para concluir tu vida.

Todos tenemos nuestras cuitas, nuestras dudas, interrogantes; pero comprendemos que aún estamos creciendo en espíritu; nos falta un poco para llegar a un plano mayor. Como somos una gran familia nos comunicamos velozmente entre todos, llegando a nuestros acuerdos sensatos sobre los asuntos del momento; nos apoyamos, respaldándonos en este mundo del espíritu y en el de ustedes. Dios nos toma de la mano en la incertidumbre y nos envía asistencia, como si fueran; *"Primeros auxilios."*

(Intuición del espíritu de mí amado Alberto.)

Dios es nuestra brújula, nos dirige, indica; tiene tantas maneras de comunicarse; los seres humanos no escuchan, encerrados en la materia son infelices.

¿Cómo ayudarlos? Ese es nuestro empeño; abrirles los ojos y los oídos, es nuestra misión. Que Dios nos permita seguir obrando; que ese Padre nos ilumine, y nos de fuerzas y perseverancia en esta empresa de amor, asistiendo con nuestras comunicaciones.

Debes sacar más tiempo de ahora en adelante, para escribir en la maquina; se acerca el momento de la escritura automática total. Simplemente coloca tus dedos sobre las teclas y los dedos tomaran agilidad; siempre en nombre de Dios. La mente debe estar serena, limpia, entregada a esta obra; no hoy, pero ya vendrá. Los amo.

2 de marzo, 2007.

(Intuición del espíritu de mi hermana Helena.)

Paz y amor hermana querida; los pajaritos están cantando, felices por lo que Dios Misericordioso, les de; es un gorjeo de gratitud. Sus melodías nos arrullan como si fueran una canción de cuna; el espíritu se calma con su trinar.

Es una terapia para ti; cópialos, se feliz, busca todo lo sencillo, todo lo simple, lo lindo y la paz; eso es felicidad. Es lindo amar, lindo creer en Dios, es lindo tener esperanza, fe y voluntad de hacer para realizar metas. Los espíritus nobles, asistiendo con el libro festejan contigo, porque sus mensajes, sentimientos y palabras de amor Alabando a Dios verán la luz en forma de libro. Es una bella misión, una gran realidad, y no es casualidad.

Naciste con esa meta, siempre quisiste hacerlo así, igual en otras vidas. Pronto te contaré historias; siempre te decía: *"Ya te contaré"* Sabia que ibas a recibir nuestros mensajes. Monserrate fue, y es una brillante profesora para ti; heredaste su devoción con prontitud, para servir. Deseosas de compartir nuestros conocimientos; *(Hermanas/tutoras)* educadoras, en el pasado; nos alegraba dar clases.

El mundo aclama, desea aprender; muchos oran, pidiendo asistencia. Dios les envía ángeles, espíritus adelantados, y amigos para ayudarles.

(Intuición del espíritu de mi madrecita Monserrate.)

Hijita amada, estoy orgullosa de ti, aprendiste, y te pareces tanto a mi. Todo lo que lees de la obra espírita, te ayuda; cada uno tiene lo que desea, lo que aspira y sueña; Dios siempre responde.

Este mundo es lindo; son tantos instantes bonitos en la vida del espíritu, de encarnación a encarnación; es un panorama amplio; salpicado con gotas de roció y de amor puro. Nos veremos, pero tienes que terminar unas cuantas cosas.

23 de marzo, 2007.

(Intuición del espíritu de mi hermana Helena.)

Paz y amor hermana; puro amor emana de los seres nobles, bondadosos, y constantemente crece;

esparciéndose como hiedra; embelleciendo muchos patios.

El Diosito lindo de Monserrate, nos colma de amor, guiándonos en la obscuridad, orientándonos cuando nos perdemos; calmándonos la sed cuando desfallecemos secos de amor. Todo es bello cuando hay fe, todo es posible cuando existe una fe solida; ese es el mensaje; el remedio es la fe.

Gilda, es lindo lo que nos une; nuestro propósito mutuo es el de todos los otros seres que desean iluminar el mundo. Dios nos permite comunicarnos con ese propósito; somos pequeños faroles, iluminando el camino.

Tu madre es muy feliz, pero ella se ganó esa felicidad con sus buenos actos, su amor, su servicio al mundo y su inmensa fe.

(Intuición del espíritu de mi madrecita Monserrate.)

Hijita, como dice Helena; somos muchísimos que nos hemos conocido, ayudado y amado antes; hemos celebrado la vida y el amor juntos, muchas veces. Que bello es todo; fíjate este gran regalo que Dios no dio; que bonita historia la nuestra, con tantos detalles maravillosos. Esta vida del espíritu es linda, tú no la recuerdas, pero a ti, te gusta mucho estar aquí, es cierto; por eso tu melancolía.

Te repito que estoy muy orgullosa de ti; tienes mis raíces espirituales, y fuiste buena hija y buena discípula. Nuestro libro será un éxito entre los creyentes, los curiosos y los incrédulos.

25 de marzo, 2007.

(Intuición del espíritu de mi hermana Helena,)

Paz y amor hermana querida; mantén tu mente flexible para hacer el trabajo con la maquina de escribir.

(Escritura automática en maquina; mi mente inquieta.)

Intentaremos de nuevo; no soy yo dictando, es un gran espíritu de luz que nos asiste, con el permiso de

Dios; se lo agradecemos. Surgirán detalles a tus interrogantes.

La vida espiritual es fascinante; ya verás como los hilos y cintas de seda son uno; el amor los une, es la base. Nos buscamos y nos encontramos para amarnos y apoyarnos; esa es parte de la alegría que Dios nos da, que bonito; gracias Padre.

Seguirán nuestras charlas, hay mucho que hacer hermanita; tendrás la orientación que pides. Dios envía la asistencia; hombro con hombro lo lograremos; nadie puede darse el lujo de fallar, al contrario; reafirmando, venciendo los obstáculos; nos recreamos viendo los planes manifestarse.

Hemos hecho grandes esfuerzos por largo tiempo, y estamos conformes y satisfechos con el resultado de nuestras andanzas espirituales y las comunicaciones con nuestros hermanos de la tierra.

Le has dado tu toque personal al libro con tus fotografías florales que nos dedicas, y con los lindos, pequeños dibujos de flores de Monserrate. Estamos sorprendidos con los sucesos de esta historia; es linda, *"Hecha en el Cielo."*

28 de marzo, 2007.
(Intuición de espíritu desconocido)

Con el permiso de Dios; ya tenemos más datos para compartir; son necesarios, para que termines las historias. Poco a poco lo haremos así, hasta que tus dedos con nuestra intervención estén más fijos; todo tiene arreglo cuando hay buena voluntad.

Damos por comenzada esta obra; escucha bien esta historia de amor y luz. Ella era buena y dócil pero altanera; vivía en opulencia con su familia en una gran ciudad de España.

La señorita tenía muchos talentos e inquietudes; era atractiva y cautivadora. El joven era un marinero y vivía con su familia al otro lado de la ciudad.

41

No era pudiente, pero era decente, noble y bondadoso; su nombre José Ernesto.

Ellos se conocieron un domingo, en la Plaza Central, donde todos se reunían después de la misa; se miraron y surgió una atracción espontánea. Más tarde se volvieron a encontrar en un parque, también un domingo; esta vez ella tomo la iniciativa y se introdujo. Él joven presintió que vendría una linda relación. Quedaron en volverse a ver pronto y así fue.

No hay porque llorar ni entristecernos. Estas historias tienen un motivo, una razón de ser, son muy significativas para el espíritu; son trozos del alma viva.

Ella era una muchacha tonta; era engreída y era caprichosa. *"Se antojaba y luego lo dejaba"* era su lema. Él al contrario era constante; fiel en su lealtad, firme en sus convicciones.

José Ernesto, tenía que trabajar para ayudar a su familia; por eso tomó un barco, marchándose un día de abril, pero siempre pensando en Rosalinda; que le había robado el corazón. Pasaron los años y por fin volvió de viaje a su casa en Barcelona.

Al averiguar sobre el paradero de la señorita, supo que ella se había casado con un francés y se había ido a vivir a Paris con un niñito recién nacido. Él pensó que su futuro estaba sellado.

El joven volvió a viajar, dos años más, y por fin regresó a la casa de sus padres; y se encontró con la noticia de que ahora Rosalinda estaba viviendo de nuevo con sus familiares; su esposo había fallecido.

El marinero quiso localizarla; el siguiente domingo después de la misa, la vio en la misma plaza. Ella ahora era madre de dos niños, y lucia más atractiva

29 de marzo, 2007.

(Intuición de espíritu desconocido)

Dios nos ama, y nos regala tantas cosas lindas día a día; esto es un gran regalo para ti y el mundo.

Con el permiso de Dios, sigamos: era un día tibio, lindo, de otoño.

Los pajaritos armonizaban su dulce trinar, los niños cantaban y jugaban mientras la nana los atendía.

Rosalinda estaba sentada en un columpio en su jardín florido, mientras soñaba con el joven marinero que con un tono apacible y dulce la saludaba. Sabia Rosalinda que algo los unía, pero ella era viuda y eso era preocupante, porque en esa sociedad, las viudas morían con los difuntos. Se supone que su vida de mujer había terminado; ella no tenia porque soñar y mucho menos con un marinero desconocido.

De repente sintió un gran deseo de dar una vuelta por el pueblo; se levantó, pidió su carruaje, y partió rumbo a la plaza; dejando a los niños con los parientes y la nana. Mañana seguiremos.

30 de marzo, 2007.

(Intuición de espíritu desconocido)

Con el permiso de Dios; sabemos que la vida tiene muchas sorpresas; estemos prevenidos por lo que venga. Todo es posible cuando hay amor puro, y gran fe, realmente la fe mueve las montañas. Con nuestro esfuerzo y con asistencia divina que siempre está disponible, hacemos maravillas.

Déjame seguir contando la historia de Rosalinda y José Ernesto. Ella llegó a la plaza; por casualidad, que no existe; y en la distancia vio al marinero reunido con unos amigos.

La viuda le indicó al conductor de su carruaje, que pasara en frente del grupo y así lo hizo. José Ernesto vio el carruaje acercarse; señalándole se detuvieran. Saludándose, acordaron verse la próxima semana.

Cuando se volvieron a ver, fue como un sueño; ambos sentían deseos de estrecharse en un abrazo; que se convirtió en un beso tierno, pero apasionado e impactante. Los amigos se convirtieron en amante.

¿Pero, que hacer con la situación de Rosalinda? Una viuda con dos hijos; pues optaron por irse a América; pensaban que los niños eran pequeños y se adaptarían con facilidad. Ellos eran saludables y fuertes; capaces de iniciar una vida nueva en un lugar extraño.

El plan fue ejecutado; embarcándose a los dos meses rumbo a Nueva York. La familia de Rosalinda la desahució; ella pudo guardar dinero y algunas prendas para poder viajar y subsistir en la nueva tierra. La familia del muchacho los apoyo.

31 de marzo, 2007.

(Intuición de espíritu desconocido).

Con el permiso de Dios, continuemos la historia: Verdaderos creyentes, llegaron con fe y esperanza; enamorados y deseosos de cumplir, y ser feliz. Con conocidos allá; se instalaron precisamente en el bajo Manhattan. José Ernesto era marinero, y no sabía como iba a encontrar empleo; entablando una buena amistad con los dueños; se colocó en un almacén de comestibles

Rosalinda cuidaba a los niños y tejía en su pequeño apartamento; complementando el dinero necesario para vivir. Todo marchaba muy bien pero algo inesperado sucedió; José Ernesto se enfermó, y aunque los dueños lo consideraban, tuvieron que dejarlo fuera. El pobre marinero sufría de debilidad y sus movimientos eran lentos.

La pequeña familia quedó sin su ingreso, y solo contaban con lo que le entraba a Rosalinda, que era muy poco. Ella tuvo que salir a buscar un empleo, mientras él cuidaba a los niños en casa. Mañana seguimos con el permiso de Dios.

1 de abril, 2007.

(Intuición de espíritu desconocido.)

Con el permiso de Dios hermana, continuamos; te contaba que José Ernesto estaba impedido, y restringido a su casa.

Rosalinda era atractiva y muy ágil, además tenía magnetismo; una gran personalidad con habilidades convincentes. En esos tiempos abundaban grupos teatrales; era la gran distracción del pueblo, y a ella se le ocurrió buscar empleo en una compañía de teatro allí cerca; con la buena suerte que logró un puesto, asistiendo a una actriz. Era poco el salario, pero, ella seguía tejiendo en casa con una clientela adinerada.

José Ernesto seguía en casa supervisando a los niños, que ya eran mayorcitos. Tal parece que todo se deslizaba bien, pero en el teatro falto una actriz y le pidieron a Rosalinda que leyera sus líneas. Ella lo hizo muy bien; era linda y le pusieron el ojo para el futuro; y sucedió; necesitaron una actriz y ahí entró Rosalinda. Hasta mañana con la ayuda de Dios.

2 de abril, 2007.

(Intuición de espíritu desconocido.)

Con el permiso de Dios; Rosalinda recibió la gran sorpresa al lograr un papel importante en el teatro; era un gran comienzo. La obra fue un éxito y Rosalinda estaba a gusto con su actuación.

José Ernesto quedó gratamente sorprendido, pero se sentía un poco triste por la ausencia cada día más larga, de su amada esposa. El hogar estaba bien atendido; los niños a gusto, pero el pobre enfermo sufría de dolores y de soledad; se sentía inútil.

El día funesto llegó demasiado pronto; los tomó de sorpresa. Inesperadamente ambos se fueron por un incendio; primero se fue él, y luego ella.

Rosalinda había dejado una veladora encendida y se durmió; despertaron muy tarde; la casa vieja de madera se quemó rápidamente. Los niños, esa noche se habían quedado con amistades; salvándose, gracias a Dios. Ella quiso salvarlo; lucho por arrastrarlo sin poder; él era muy pesado y estaba inmóvil.

Los eternos amantes desencarnaron juntos; se encontraron y siguieron juntos. Yo era Rosalinda; gracias por escuchar mi corta historia.

Deseo ayudarte con tus escritos; tienes a muchos amigos y familiares en este mundo del espíritu. Me uno a ustedes por gran simpatía; como espíritu, que quiere divulgar la palabra de Dios; de los espíritus de luz y de buena voluntad.

Te he asistido en el comienzo, pero ya vendrán más enviados; seres amorosos, nobles, trabajadores y dedicados, seguirán dictando. En algún momento seguirán los dedos solos sobre las teclas; no te asustes, es lo mejor; irá el espíritu directo a escribir; hay muchísimo que decir. Gracias por tu amor, fe y devoción, despidiéndome, en nombre de Dios.

4 de abril, 2007.

(Intuición del espíritu de mi hermana Helena.)

Paz amor, hermana querida; sé que sientes paz; muchos sueños y proyectos, estás burbujeante; eso es tener fe. Siempre hay que tener esperanza; es el motor de nuestro vehículo espiritual. Las dudas se van por la ventana.

Deja que entre la brisa, el aire fresco, el trinar de los pajaritos; todo eso es fe. Hoy nos embarga una melodía celestial que nos duerme, y nos refresca el espíritu cansado de luchar.

Tienes tantos recuerdos gratos de tu madrecita, de vuestra unión y relación, de apoyo mutuo, de amor compartido; es bello y aún perdura. Ella está ahí, a tu lado, como yo; tienes el cuarto lleno.

Deleitarán a muchos, esas flores que engalanan las páginas del libro. *(Memorias)* Mensajes quedarán impresos en sus almas. Sigue trabajando sabiendo que los publicarás.

Te lo dije; presentía las cosas. Monserrate está contentísima; sus papeles viejitos los conservas, los aprecias y los compartes. Cada aspecto del libro tiene una lección para el mundo incrédulo; Dios, es Sabio, nos da este regalo con cintas multicolores y borlas.

Las historias escritos seguirán; déjate llevar por el ser bondadoso, amoroso y noble, que nos asiste; es un grupo familiar.

10 de abril, 2007.

(Intuición del espíritu de mi hermana Helena.)

Paz y amor hermana querida; sigue tranquila y satisfecha con tu vida, con tus aspiraciones, con tus desvelos por una causa siempre ascendente.

Todos tenemos que mejorar, por eso estamos aún ligados a este planeta, a esta dimensión. Siempre pedimos iluminación, luz, claridad del alma, y mayor fe, para derramarla en los otros; deseamos esparcir nuestro amor y fe, al mundo entero. El libro que preparas *(Memorias)* es una reliquia; contiene tanto cariño, tanta ilusión y fe. Es una charola de miel, un bálsamo y un tónico para las almas caídas.

Hermoso legado dejó Monserrate; *"Hortensia y sus Patitos Felices" (Libro infantil bilingüe que ella escribió y dibujó, hasta una semana antes de partir. Le enseña a los niños que, deben lavarse las manos, para no enfermarse.)* Monserrate nos sirvió de vehículo; abrió una puerta con su amor, paz, fe, devoción y lealtad. Todas cosas bellas. Dios la premia a diario y ella es feliz, y la amamos.

Cada día hay que estar listo, con un corazón en paz. Con una mochila de buenas acciones, por si Dios nos llama; es el pasaje de primera clase. La conciencia tranquila, es el gran boleto del viaje.

16 de abril, 2007.

(Intuición de espíritu desconocido.)

Aquí estoy, en nombre de Dios; no hay manera de condensar ciertas historias porque la trayectoria es larga, e importante, en su enseñanza; haremos todo lo posible por simplificar los datos. Tantas cosas que tengo que contarte, hay tela que cortar.

No soy Helena; soy un hermano más; colaborador entusiasmado con tus proyectos. Fui escritor y redactor en mi última encarnación. Ahora escribo cartas de amor a mis hermanos encarnados, deseosos de obsequiarle al mundo la palabra divina; la esencia de Dios.

Con nuestras penas y alegría, que si tenemos; los espíritus trabajamos y oramos, esperando lo mejor de Dios; debemos aprender a esperar; la desesperación nos lleva al fracaso, y dejamos de pensar con claridad. Simplifica tu vida, hermana; bendiciones.

22 de abril, 2007.

(Intuición del espíritu de mí amado Alberto.)

Aquí estoy, Malena; agradezco al Creador que tenemos la oportunidad de comunicarnos. Nuestra vasta familia espiritual está más que contenta. Dios nos encomienda tareas importantes; cumplimos, y eso nos hace feliz. Este mundo nuestro es bellísimo, grandioso. Energía Cósmica absoluta nos atrae; llevándonos hacia la bondad infinita.

Cada vez nos encontramos seres deseosos de aprender, de servir; se buscan, se apoyan y logran su cometido. Sabes que todo tiene un porqué, siempre hay que buscar las causas de lo que es, y de lo que será. Dios nos encamina, pero es nuestra voluntad que nos impulsa. Todos estamos expuestos al bien y al mal; nuestro desarrollo moral es la raíz en las decisiones, es el timón.

Pidámosle a Dios poder seguir creciendo en entendimiento para llegar a Él; asistiendo a nuestros hermanos desorientados en tinieblas de las pasiones y levantar sus espíritus, a la percepción y amor de Dios Todopoderoso.

Todo pasa en el mundo material, pero el amor no pasa, la sabiduría no pasa, la paz no pasa; se comparte y nos conduce a Dios.

Tenemos una cobija, una manta de Energía Vital, que no solo calienta contra el frio de la inhumanidad, sino que también nos protege de los vientos invernales del negativismo. Recuerda bien, que el amor trae amor, el desamor trae lo mismo.

Cada uno tiene metas, y con metas, hay un propósito y una determinación que nos impulsa; primero a pensar, a buscar, y a ejecutar. Hay que mirar hacia arriba y hacia adelante; no atorrarnos en un pantano de pasiones turbias; sino, buscar la luz que nos lleva al aire fresco, en dónde el alma se ventila y ve con mayor claridad su destino.

1 de junio, 2007.

(Intuición del espíritu de mi hermana Helena.)

Paz y amor hermana querida; gracias por tu devoción y compromiso con nuestra obra, es muy bello, más de lo que esperábamos.

Bonitos recuerdos tenemos, bellas memorias; no grises, sino rosadas. Nos esperan momentos sublimes; más experiencias gratas y positivas, de servicio a la humanidad; podremos disfrutar de las Glorias de Dios.

Ese es un mundo de sombras, de engaños, de máscaras; hay muchos interpretando personajes, se esconden en sus roles; es un mundo de extravió; por eso hay que mantener un equilibrio espiritual, una armonía y paz; que no te tumben; mantente en tus pies solidos, como pilares de Dios.

La vida transcurre y vamos aprendiendo como aliviarla, ese es el arte de vivir. La fe es el remedio, la cataplasma divina, sobre las heridas. Sufrimos, pero llega el momento que tiramos la carga y levantamos nuestras alas, para escalar los mundos de Dios. Juntos en las buenas y las malas; es un conjunto de almas que se respetan, y se apoyan. Todos hemos compartido antes; por eso es que sentimos un amor enorme, eterno. Son muchas historias compartidas, con grandes lecciones; todos progresando, juntos, ascendiendo.

Monserrate está muy bien, viaja mucho como le gustaba hacer en tu mundo. Se adorna, y perfumada se rodea de música y arte; sigue siendo una soñadora, es amorosa; la amamos.

12 de junio, 2007.

(Intuición del espíritu de mi hermana Helena.)

Paz y amor hermana querida; continúa con tu disposición y determinación; la disciplina es esencial y tú la tienes. La rutina mundana diaria, a veces es un obstáculo para los humanos; porque los estanca, se los traga.

Hay que hacer un gran esfuerzo para mantener el espíritu libre, sano y vibrante, es importante; persiste y lograrás lo que planeas. Una recompensa tendrás; es la satisfacción personal de cumplir tu meta; alegría de no ceder tus derechos de espíritu. Sí, los seres espirituales tienen derechos de libertad, de libre albedrio; son cosas muy significativas.

La determinación, la voluntad, la justicia, el deseo de cumplir; son los elementos básicos en el tronco del espíritu. El amor, paz y la fe, estabilizan, armonizan, los hace fructíferos. El conjunto completo tiene que estar en armonía; cuida tu armonía, es el centro de tu yo.

Monserrate está radiante; es trabajadora y feliz; ya verás que bella luce; que linda se arregla, y como baila sobre las nubes.

(Intuición del espíritu de mi madre Monserrate.)

Hijita querida, son bellos nuestros encuentros; cuanta alegría siento con estas charlas; sabiendo que aprendiste de mi, que fui tu inspiración; que gran dicha es pasarles la fe a nuestros hijos. Monserrate me llamaba, ahora soy *"Espíritu Feliz."* Mi espíritu no tiene penas, dolores, ni pesadez. *"I am light, like a cloud; light, like a feather in the wind."*

La luz y amor de Dios son incalculables; somos pequeños, ante esa Suprema Inteligencia.

13 de junio, 2007.

(Intuición del espíritu de mi hermana Helena.)

Hermanita, es lindo crecer y estudiar; saber que adelantamos, que no somos los mismos; que hemos cambiado. Recordar el pasado y comparar nuestro mejoramiento espiritual. Eres otra Gilda, servirás a muchos; compartirás tus conocimientos; falta aún.

Hay tantas historias que contar, cuitas por revelar. Saldrá todo como esa cascada que fotografiaste; es agua movida que corre, llevándose todo lo malo, lo negativo; refrescando las piedras. Hay seres humanos como piedras; pero viene el agua, la lluvia, y los refresca; así tú lo harás.

Nosotros estamos muy ocupados; hay mucho que hacer en el mundo del espíritu, porque el odio se acelera, crece, y llegan más y más almas en estado de confusión. Es una época turbulenta, de caos; espíritus ciegos por el odio.

Tú sigue con tu rutina, porque se necesitan más y más oraciones, y buenas lecciones; los espíritus tenemos mayores responsabilidades; es el tiempo de la verdad. Toda va de acuerdo a un plan divino; tú haces tu parte, y hay otras fuerzas caminando, moviéndose, conduciéndonos; mucho tiene que ver con nuestros pensamientos y los afanes del espíritu.

Nada es accidental en relación con los hechos determinantes en la vida, y con las cosas que nos indican el camino; son señales; nada es casualidad,

Hay un equipo trabajando contigo en el empeño; a ellos, y a Dios, gracias. Somos felices cumpliendo con el deber, y asistiendo con el tuyo.

(Intuición del espíritu de mi madre Monserrate.)

Hijita, que libro maravilloso; *(Memorias)* ¡Que sorpresa! Mucho más que lo que esperábamos, un gran premio a nuestra fe; ¡Trabajar un libro entre dos mundos! ¡Eso es grande!

Que historia tan, tan, linda. Todo va saliendo de maravilla; nuestra antorcha es Dios; la llevaremos muy encendida siempre.

30 de junio, 2007.

(Intuición del espíritu de mi hermana Helena.)

Lo importante y bonito es que tú escuchaste, y transcribiste mensajes de espíritus tan sabios; que con buenos consejos llegaron a nosotros; extendiendo sus manos para asistirnos en nuestra evolución; es amor puro.

Bendice Padre a Pio Gabriel; él escucha y está contento, porque tú Gilda, cumpliste con compromisos. Puedes terminar tus obras en paz, y luego te lanzas al mundo a comentar, a instruir; todo eso está en la agenda; vamos a tu lado. Somos tus confidentes, tus colaboradores y buenos amigos; deseamos tu éxito espiritual.

La vida es un privilegio para avanzar; hay que aprovecharla, saberla ejecutar bien. Es como una obra teatral; hay que aprender bien las líneas e interpretar el personaje con honestidad, integridad, ritmo, y gracia; es el arte de vivir. No hay porque temerle al mañana; tú haces tu mañana con tu hoy. Todo se atrae, lo positivo, lo negativo, cada uno es un imán.

(Intuición del espíritu de mi madre Monserrate.)

Hijita querida; hay capítulos amargos, pero son de crecimiento; hay que olvidarse de todo lo sombrío y solo recordar la luz que se adquirió durante esa pasada. Somos soldados de luz, de paz, de amor; erradicando la negatividad, la desesperación, pena, y odio; ahí estoy yo.

Hijita, los amo, los cuido y los protejo; y como tú, trabajo mucho. Gilda, tienes alas poderosas, amplias, y vuelas muy alto; llegas a otros niveles con flores en tu pico; eso es júbilo para mí.

(Intuición del espíritu de mí amado Alberto.)

Amada Malena, la mesa está puesta. Se avecina el día en que tomaré tus manos y las guiaré para escribir, así como hacia en otra vida; que momento feliz será ese para mi. Estaremos trabajando en una misión entre muchos, y se publicarán los escritos en forma de libritos pequeños y substanciosos.

Sigue tranquila por el camino estrecho a veces, angosto, y también penoso, pero de repente se torna ancho, amplio, se ilumina con la Gracia de Dios; una luz se enciende, permitiéndote laborar. Espera lo mejor, conforme a tus pensamientos y sentimientos.

Tú trazas ese camino con tus acciones; es fácil y también difícil porque conlleva cambios de hábitos, sacrificios, privaciones y resignación; es una realidad, un hecho; así la vida es más positiva, es más agradable y llevadera; logrando tu meta, sea cual sea.

Dios es nuestro faro de luz; es Inmensamente grande, iluminándonos a todos por igual. Te amo.

21 de julio, 2007.

(Intuición del espíritu de mi hermana Helena.)

Paz y amor hermana querida, tenemos prisa; nos espera una gran tarea. Monserrate va con nosotros, también tu tía y tú primo Peter.

Muchos necesitan nuestra ayuda; ya sabes que somos un gran grupo trabajando juntos, por bien de los niños. Sigue con pensamientos positivos, beneficiosos para muchos; te inspiraremos. Dios nos da energía y nos dirige con su Misericordia y Amor; permitiendo que los ayudemos; están todos protegidos.

(Intuición del espíritu de mí amado Alberto.)

Me quedo contigo Malena y luego me uniré a los demás para ayudar con una gran obra de caridad. Son muchos espíritus con cariño especial y buena voluntad; entidades de luz. Helena, dulce Helena, dirige a este grupo; tienes que sentirte muy orgullosa de ella, porque es un alma blanca; ella ha trabajado mucho; es muy amada por nuestro Padre. Vayan con Dios, hermanos queridos.

Malena, ayer fue algo especial; nuestro primer ejercicio formal. *(Mis dedos ascendieron lentamente por encima de las teclas de la máquina de escribir, y sentí la energía del espíritu de Alberto moviéndolos.)*

Me sentí a gusto; y me parece que tú también sentiste gran alegría. Lo sincronizaremos pronto; un poquito todos los días basta, hasta que tus dedos y mi concentración sobre ellos, estén listos. Es un proceso a veces lento pero efectivo. Dios lo permite, y nos ayuda a usar todas nuestras facultades, con la ayuda de nuestros hermanos superiores. Mientras tú sigas en paz y armonía es mejor, porque con tu colaboración podemos alcanzar nuestros objetivos. *(Mis dedos una vez más se movieron por si solos; escribiendo lo siguiente)*

How can I write this way? It can be done! In the name of God; all is well on the front. Yes, yes. Dead? I am not; but very much alive! God is my light. Always; John.

25 de julio, 2007.
(Intuición del espíritu de mi hermana Helena.)

Paz y amor hermana querida; muchas historias hay que contar; incompletas, que queremos elaborar; he prometido buscar los medios.

Monserrate dejó una creación maravillosa para el mundo; ella es la primera en sorprenderse, no sabía cuánto había hecho. Ella dice que pudo hacer mucho más, pero su cuerpo enfermo se lo impidió; demasiada medicina nubla la mente. Ya no necesita nada de eso, nada de agujas, ni oxígeno; sabemos bien, que tu sufrías viéndola enferma, pero ahora ella es liviana, bella, joven y feliz; y su amado Gustavo, siempre está cerca adorándola; son almas gemelas; es hermoso.

Todo viene a su tiempo Gilda, Dios nos muestra el camino, a través de la inspiración; brotan ideas; son susurros divinos enviados por el Creador.

(Intuición del espíritu de mi madre Monserrate.)

Sí querida hijita, sorprendida estoy, con esos papeles viejos y deteriorados; es lindo saber, que son sustanciosos. Espíritus benevolentes se acercaban, acampándome; me inspiraban, eran mis compañeros invisibles divinos; mi agradecimiento, por el amor y la afinidad con mi espíritu.

Mi vida, a veces era más difícil por la visión espirita que Dios me concedió. Grandes conflictos se producen cuando vemos la realidad; viendo la verdad en aquellos que engañan. Ahora me siento contenta, satisfecha con mi obra y mi vida; tuve y tengo, pensamientos sanos y limpios, incapaces de hacer daño a nadie; es el mejor legado. Ya no sufro, soy feliz, se feliz tú; te lo suplico. Sigue tu incansable marcha; vamos todos hacia la sima, somos muchos a tu lado.

(Intuición del espíritu de mí amado Alberto.)

Dios es nuestro guía; haremos su voluntad y cumpliremos nuestra misión.

Ya estás encarrilada, Malena, por un momento te atorraste; son trabas de la vida en tu mundo; la rutina y lo mundano amarra. Liviandad, paz y amor para todos; adelante sigue tu intuición. Te amo.

1 de agosto, 2007.
(Intuición del espíritu de mi hermana Helena.)
(Por preocupaciones; dejé de canalizar.)

Paz y amor hermana querida; eres un espíritu de luz relativa, lo sabemos, pero buscas alumbrar el mundo con tu contribución, eso es meritorio. A veces se imposibilita hacerlo adecuadamente; hagamos el intento. Dios lee lo que está en nuestro corazón.

Sigue Gilda, por ese camino a veces empinado con altos y bajos, pero es un camino, y avanzamos aunque sea lentamente. No todo es gris; no, hay luz en ese camino; hay sombras pero hay claridad y una brisa soñolienta. No hay que detenerse; sino tomar una pausa, y dar el próximo paso.

6 de agosto, 2007.
(Intuición del espíritu de mi hermana Helena.)

Paz y amor hermana querida; Dios nos favorece nos ama, facilitándonos medios para nuestra obra. Gilda, eres una niña consentida, por eso lloras tanto; pero debes saber que estamos todos aquí, estamos al tanto de ustedes, vamos, volvemos, allá y acá.

¡Que lindo detalle, el de las flores en las páginas del libro! *(Memorias)* En el ayer nosotras dibujábamos flores en libritos; son lindos recuerdos de nuestro pasado. Los amo sobremanera.

Nuestro querido Alberto, es como un guardián, cuidándote; él llora y ríe contigo.

Hoy te trajo piedras preciosas del Universo; son gotas de roció, que te regalamos; conviértelas en un libro; *"Gotas de Roció Espiritual."* Para un pequeño libro.

Alberto está aquí; abrazándote tiernamente con sus brazos de energía y paz. Atenta; vendrán buenas ideas, inspiraciones.

Los ángeles guardianes abren sus **Alas Místicas,** cobijándote de la lluvia; son tu sombrilla durante los días tormentosos.

15 de agosto, 2007.

(Intuición del espíritu de mi hermana Helena.)

Paz y amor hermana querida; sin Dios nada se puede; con Él y con la paz, se logran las cosas más importantes de la vida corporal y espiritual.

Todo tiene su propio ritmo, ley del Universo; todo en su lugar, y en armonía. Disciplina, moderación, orden; todos son elementos esenciales, son básicos; practícalos y lograrás metas. Todo tiene un propósito, una razón de ser, una justificación; podemos lograr mucho; aprendiendo, sabiendo nuestros deberes, y los compromisos con Dios, y con nuestros hermanos.

Hermanita, tenemos muchísimo que hablar, pero hay pocas Monserrate; veremos como lo hacemos; yo estoy averiguando; te guiaré, espéralo. Que las puertas de la fe se abran para muchos, y que las mantengan abiertas para otros; todos unidos por el amor de Dios.

Gilda eres un buen soldado de Dios; sigue con tu mochila y fe. Es tiempo de enmendar, tiempo de cambiar patrones de vida, tiempo de tirar viejos hábitos, de arrepentirnos, reconociendo lo bueno, y lo menos bueno, tiempo de renacer en vida, y de agradecer a Dios otra oportunidad para tomar control de nuestra vida. Ahora hay que hacerlo. Nada es fácil pero da gran satisfacción saber que estamos en pos de lo bueno, lo puro, de la liviandad, y de la paz del espíritu.

20 de agosto, 2007.

(Intuición del espíritu de mi hermana Helena.)

Paz y amor hermana querida; la vida toma su curso y si lo piensas bien, ahora el curso es bueno.

Comienza con el pensamiento, con la intensión; y cuando hay paz, el espíritu flota, levantándose sobre los abrojos, no lo toca nada pesado, se desliza en un vaivén divino de amor y paz. Nada hay que temer; al contrario, ser feliz, en espera de buenos resultados, de cosas positivas.

Todos tenemos imperfecciones que queremos corregir; en eso estamos; en pos del mejoramiento y eso es todo lo que Dios nos pide, no nos exige; nos pide amor. Que bello es creer en Dios, creer en los espíritus, tener fe, y un propósito en la vida; saber que tenemos algo que hacer, comprender que todos tenemos misiones y cumplirlas.

Es cuestión de razonamiento; de comprender lo bello de la vida que Dios nos dio, como una nueva oportunidad para redimirnos, aprovechando nuestro tiempo. Hermanita tú aprovechas muy bien el tiempo y tendrás la gratificación del buen sembrador, que ve su viña rebosante, llena de frutos para compartir con los demás.

Alberto está esperándote; escribe, ponte en la maquina pronto. Él te ama. Estoy orgullosa de ti; ya estaremos juntas; siempre estamos juntos Alberto, la familia, tu madrecita y tu tía que nos acompaña,

(Intuición del espíritu de mi madrecita Monserrate.)

Hijita querida, buena; aprendemos a veces rapidito y a veces despacio; la cuestión es aprender; mejorar como espíritu. Yo estoy recobrando mis fuerzas de espíritu que ha adquirido mucho; tengo abundancia en mi mochila, e inmenso es mi agradecimiento a Dios, Hijita, voy y vengo, hay tantas cosas hermosísimas; amor universal absoluto; tantas experiencias nuevas.

Ese mundo tuyo es gris, triste, lleno de dolor y de miseria, aquí todo es luz y liviano. Me siento fortalecida; mis hermanos, guías; Helena, Alberto y Gustavo.

Todos me han cargado, alimentándome de amor y de su energía positiva. Trabajamos juntos, nos reímos, disfrutamos; sí, sí, proyectos tenemos; ya tú estarás incluida. Estoy como nueva; es por eso, que me sientes más a tu lado.

La vida del espíritu es linda, linda; poder revivir paisajes bellos, es como una película que se te queda en la mente, en el alma, *"Forever"* Son regalos de Dios.

Diles a los muchachos que son mis niños, mis santitos. Ellos me extrañan, me recuerdan y hablan; me sienten, oran conmigo y me agradecen. Son mis capullos bonitos, con una grata fragancia; yo ayudé a cultivarlos. Dios los bendiga. *(Mi madre me ayudó a criar mis hijos; los atendía mientras yo trabajaba. Estuvieron juntos hasta el final de sus días.)* Gracias por tu amor y devoción, hijita, los amamos.

1 de septiembre, 2007.

(Intuición del espíritu de mí amado Alberto.)

Mi amada Malena; tenemos un gran plan ya listo para transmitirte algunas historias; es un propósito bendito que nos une; es una fraternidad de espíritus en pos de la paz en el mundo. Poco a poco haremos nuestros comentarios; te ruego los disciernes y los compiles, como es tu costumbre.

Todo esto tiene una meta mayor; es rescatar a los que buscan la luz aquí y allá. Son seres buenos pero confundidos, o lisiados del alma, que necesitan una mano bondadosa y orientadora. La Misericordia de Dios ha permitido este proyecto; el comienzo de un ciclo maravilloso de comunicación; una cosa muy sencilla y muy efectiva, para obtener la información necesaria; sin preámbulos, ni postergaciones.

Se consecuente con los dictados, aunque sean unas pocas líneas. Tranquila, enfócate en tu fe y en el deseo de servir; haremos nuestra tarea.

Trata de mantener tu mente calmada, limpia de distracciones; a veces no es fácil, pero se logra con paciencia y practica. Es el canal necesario para operar, aunque sea a veces por poco tiempo, pero será beneficioso; en la práctica, se logra la perfección.

En el futuro yo abro la sesión, y el espíritu dicta su propia historia; queremos que sean un bálsamo para las heridas del cuerpo y del alma. Todos tenemos un deber con Dios, de cumplir, de contribuir, en lo mucho o en lo poco; ahora o más tarde; cuando sea oportuno; es el deber, de espíritu a espíritu, entre hermanos. La verdad relucirá a través de las densas nubes del odio, y brillará; alumbrando el camino para muchos que están en espera, para comenzar su obra.

Dile a tus hijos y a Nel que los amamos; que ellos contribuyen en la distancia. El amor viaja, llega muy lejos; te amo. *(Publiqué Memorias y Messages; pero lo de Alberto y el grupo, quedó pendiente.)*

3 de septiembre, 2007.

(Intuición del espíritu de mi hermana Helena.)

Paz y amor hermana querida; tiene nuestro libro tantos padrinos y madrinas. Las historias son lindas y conmovedoras, el mensaje es positivo; es amor, es comprensión, es amar a Dios. Sabrás más detalles, bonitos y significativos de nuestras vidas anteriores.

Que magnifico es saber que el espíritu vive aún; que esa esencia del alma perdura, que nada la tiñe, ni se acaba; es maravilloso. Gilda, estás impregnada de amor a Dios, de ilusiones; por eso no te detienes, sigues y sigues; eres dichosa.

Hay mucho que realizar; apenas comienza una época de gran trabajo espiritual y de regocijo para las almas que cumplen con su misión. Nada de titubeos, solo claridad; todo fluye, es una corriente que nos lleva a otros horizontes; déjate llevar.

Hay que aprender a acoplarse al Fluido Universal Vital; con el ritmo del espíritu; fácil no es, requiere paciencia. Fluye con él; sigue esa corazonada que es Dios en tu alma. Llegarás al puerto deseado; manos a la obra. Tus hijos son espíritus que quieren cumplir; que tienen principios; es el legado de su abuela y de su madre, ellos lo saben.

(Intuición del espíritu de mi madrecita Monserrate.)

Hijita querida, que bonito es todo lo que está ocurriendo; nuestras sesiones, oraciones, el libro. Todo eso es bello; producto de la fe y el amor. No lo imaginábamos jamás, pero Dios y los espíritus lo sabían. Muchos hicieron un tremendo esfuerzo por comunicarnos sus mensajes sabios, y de cariño puro; que dejaron en hojas de papel, ahora convertidas en páginas de un libro.

Es nuestro ramillete amoroso para el mundo; gracias Padre, y a todos los hermanos. Alberto está aquí; él también tiene su gran plan contigo; eres una embajadora, nuestra socia. Que privilegio; me siento honrada que pude enseñarte, guiarte y estimularte; es mi gran trofeo.

(Intuición del espíritu de mí amado Alberto.)

Malena mía, adelante; nuestra obra sigue con determinación; tenemos ansias de ayudar a los que gimen en los pantanos de la vida, los que se sienten perdidos en el matorral; que encuentren el camino seguro, el camino a Dios; buscamos hacer la caridad.

Tenemos el poder, sí, el poder sanativo; como bálsamo de Dios, para enjugar las lágrimas y sanar las heridas del alma. No hay falsedad en nosotros, todo es realidad; es una unión solida, un amor puro entregado en sacrificio, en la tempestad; no importa cuan difícil la tarea; ahí está Él, que realmente ama; así nos ama Dios, intensamente.

Lo agradecemos con nuestra misión cumplida; es un paisaje sublime de espíritus amándose. El camino está iluminado; una luz nos rodea; marchemos juntos en paz.

Estate contenta, deleitándote en la maravilla que vivimos; somos privilegiados, yo soy feliz, y te amo.

9 de septiembre, 2007.

(Intuición del espíritu de mi hermana Helena.)

Paz y amor hermana querida. Que mucho hay que ver y aprender; que grande es el Universo. ¡Que mundo amplio te espera Gilda! Pasearemos todos juntos por los jardines de Dios. La vida transcurre rápidamente, ya los sabes; aprovecha cada instante con tu paz; búscala, sé que te hace feliz.

Aliviará tu causa meciéndote en lo bello de Dios; ahí está tu hamaca. *(Pensé en mi hamaca, que no he colgado.)* ¡Ya la colgarás! Que dicha creer en Dios y en la vida eterna; no hay nada mejor, nada.

23 de septiembre, 2007.

(Intuición del espíritu de mi hermana Helena.)

Paz y amor hermana; nobleza de corazón es esencial, desprendimiento de lo material también es necesario, para seguir en el camino de Dios; sea predicando, enseñando e iluminando a los que tanto necesitan. Todos estamos comprometidos a cumplir con esta obra sagrada, nadie está exento.

Continúa con ese entusiasmo, enfrentando los escollos; cumpliendo, derrumbando las paredes de indiferencia, y abriendo las puertas del amor con tu amor; con eso das una lección. No dejarte postergar, ni inutilizar, al contrario; mientras más resistencia, más se empuja; con mayor fuerza se da un golpe de bondad y cariño; así se vence el desamor.

La vida es un laberinto; aprendemos a tomar pausas buscando el camino; encontrándolo.

Cierto que nos desesperamos; pero al final de cuentas encontramos la salida del laberinto. Todo es acción, visible e invisible, es movimiento; simplemente sigue tu inspiración; sigue el ritmo de la vida.

Te hablamos al oído, te aconsejaremos. Dios envía a sus mensajeros que supervisarán, porque tu misión es valiosa; quizá tu vida no lo es; pero tu misión, si lo es. Yo a ti te quiero mucho, todos te amamos.

Gilda el amor nos acerca a Dios. Ya casi se abre *(Libro)* una flor; son semillas y capullos, pero será una bella flor con fragancia para el mundo; tú la cuidaste. *(Intuición del espíritu de mí amado Alberto.)*

Dios lo es todo; nosotros somos jardineros y tenemos nuestras canastas, y banastas, llenas de exquisitas y saludables semillas, bien cuidadas; que hemos traído desde muy lejos. Deseamos regarlas, sembrarlas, que den frutos para alimentar a muchos; hay hambre, y hay sed de cuerpo y alma.

Somos dichosos al acercarnos, transmitiendo alegría con nuestros pensamientos; es un sueño hecho realidad; jamás nos separaremos, la vida es eterna. Caminos nuevos hay que recorrer, amplios, con un sol radiante; Dios te alumbrará. Prepara tus zapatos de caminar porque los viajes son muchos.

Somos un gran ejército de almas felices, que vamos en armonía, cantándole a nuestro Creador nuestros himnos de amor, paz, y bienandanzas; vamos regando aquí y allá, elevando nuestras voces a la eternidad, al Omnipotente Soberano Creador. También tú cantas con tus obras, tus pensamientos, y tus actos de fe y de buena voluntad; todo eso vale.

Que bueno que encarnaste Gilda, naciste con una estrella; esa estrella alumbrará a muchos como en el pasado. Malena, Alberto Paoli te ama.

8 de octubre, 2007.

(Intuición del espíritu de mi hermana Helena.)

Paz y amor hermana querida; todo está más que listo; llevaremos en nuestras espaldas una carga que se sentirá liviana aunque pesada, porque nuestra fe y animo de espíritus creyentes, aligera su pesadez.

Es tiempo de regar las semillas que brotarán en muchos jardines y huertos. Muchos se interesarán; otros serán curiosos, y otros indiferentes; pero por enterarse, también darán una mirada hacia esas flores y frutos deliciosos, que se les presenta, para satisfacer su sed y hambre, de amar, creer, y dar.

Tú Gilda, en pequeña y humilde forma, aportas un servicio valioso. Nosotros estamos satisfechos y más que dispuestos de continuar apoyándote con tu obra. Sabemos que quieres resultados; que a veces dudas de tu habilidad; todo eso es de esperarse. Déjate llevar; te tomaremos de la mano como la niña que eres; te conduciremos por una vereda frondosa que te hará feliz. Trata de mantener tu mente quieta.

Debemos emprender el viaje en alas del sol, y de la luna, entre astros iluminados. Allí encontrarás energía imprescindible para subsistir, y compartir; brillo que no nos ciega; al contrario, nos suple la luz suficiente para ver con claridad. Son enigmas, lo se; algún día conocerás las lecciones que envuelven. Todos hemos tenido instantes tristes y turbulentos, pero en ese recorrido hemos aprendido, corregido y hemos vencido.

(Intuición del espíritu de mi madrecita Monserrate.)

Hijita amada, contemplo ese cuadro espiritual, ¡Que lindo! Tienes asistencia divina; se te acercan los espíritus de luz, te inspiran; son tus aliados. Tu trabajo con el libro, te ha hecho tanto bien; es de beneficio mutuo. Recuerdo todo lo de la vida contigo; nuestras luchas, y nuestras victorias; Dios siempre nos extendió su Mano Poderosa.

Solo hay que abrir los ojos, y ver su Gloria. Fue interesante esa reciente existencia mía; hice lo mejor que pude, y estoy a gusto; di buenos frutos, que son ustedes; mis hijos y nietos. Dios nos ama. Alberto te abraza; te ama mucho.

13 de octubre, 2007.

(Intuición de espíritu desconocido.)

Dios lo es todo; hacia Él marchamos con fe y alegría, en nuestras almas agradecidas. Hay un camino derecho, alumbrado; y por ahí entraremos tomados de la mano; codo con codo. Él con su Bondad, nos permite obrar y estamos deseosos de ascender; asistiendo a otros. La obra es inmensamente grande y es mejor así; mayor la satisfacción para nosotros; emprendamos esta caminata bendita, Gloria a Dios.

Mi nombre es Jorge Luis, soy tu amigo, y quiero lograr ahora, lo que no pude hacer en mi corta vida. Tengo bríos y pasión, y un deseo ardiente de ser útil a la humanidad; con la ayuda de Dios; de mis hermanos, lo lograré. Para mi es un gran primer paso; soy uno de muchos agradecidos, gracias. Avancemos, adelante, en nombre de Dios.

(Intuición del espíritu de mí amado Alberto.)

Dios siempre es Benévolo y Sabio; hay que tener disposición, fuerzas y fe, para continuar la obra bendita; si, la obra espirita, traerá paz y alivio, al mundo sufrido.

Amorosa Gilda, así eres tú; las cosas se te resuelven, se te dan, se materializan; es tu buen deseo, tu empeño, tu fe y devoción. La rutina te oprime, pero la disciplina te ayuda con el diario vivir. No dejarse abatir es una virtud.

Ya tendrás la sorpresa, de sentir mis manos independientes, trabajar con las tuyas; buscamos que eso suceda; con práctica se logra, sigamos ensañando. Gracias por tu amor. Alabado sea Dios.

18 de octubre, 2007.

(Intuición del espíritu de mi hermana Helena.)

Paz y amor hermana querida; contentos, muy contentos estamos, porque el libro está tomando forma. Dios y sus mensajeros siempre te iluminan para que aciertes en tus decisiones.

Tienes la inspiración de profesores asignados a esta obra; sí, también existe eso; la asignación, la tarea, la disciplina, todo eso es muy importante para realizar este proyecto.

Gracias Padre por todo lo que hemos vivido, y lo que estamos viviendo; es un instante muy interesante. Es un acto de fe, de solidaridad entre dos mundos. Busca, toca, puertas; responderán.

(Intuición del espíritu de mi madrecita Monserrate.)

Hijita querida, un momento nada más, porque estoy de prisa; hay tanto que hacer; hay mucha tristeza, pena y necesidad. Tengo una tarea grande y soy feliz cumpliéndola.

Nuestro amor es eterno, es duradero, fuerte y sutil; son momentos especiales para todos; son pocos los privilegiados. Es una ventana abierta y aunque estemos lejos, acudimos; Gloria a Dios, que podemos hacerlo.

(Intuición del espíritu de mí amado Alberto.)

Hola mi amor, necesitamos iluminación. Dios es nuestro guía y Salvador; haremos lo debido para instruir nuestros hermanitos en pena. Todo marcha bien; caminos radiantes se abren entre la niebla de la duda. Un gran farol, una poderosa, inmensa linterna nos alumbra; es Dios.

Somos muchos que nos reunimos; no imponiendo, sino pidiendo un tiempo, para aportar nuestros buenos deseos, nuestras aspiraciones divinas de bondad, de caridad; nuestra encomienda.

Estamos en espera, pero muy seguros de ti; conocemos tu abnegación, tu disciplina y tus deseos de servirle a ese Padre y a la humanidad.

Todo está en su lugar; las cosas se están alineando; no te desesperes jamás por nada; con calma y con gran fe, así se comienza, y así se termina una buena obra.

¿Que podemos hacer? Tratar, tanto estás dando sobre el teclado hasta que algo sucede. Ponle la petición a Dios, ahí sobre el tapete. Veamos si podemos continuar con los ejercicios que nos llevan a destrezas necesarias para nuestro trabajo, Dios todo lo puede. ¡Así se hace! *(Mis dedos se movían solos sobre las teclas, escribiendo lo siguiente.)* **God is our joy; we are overjoyed; kiss the world with your work.**

Amor y más amor; yo a ti, te quiero. Todo no es un enredo; en el camino hay cosas claras, diáfanas, sutiles; llevados por la mano de Dios. Quiero continuar escribiendo solo: *(Automático)* **Love thy neighbor as thyself. We will try; we will get it; that is that!**

29 de octubre, 2007.

(Intuición del espíritu de mi hermana Helena.)

Paz, amor, hermana querida; es bello amanecer sabiendo que Dios nos ama, que somos útiles para el mundo, que nuestra obra cuenta. Que nuestro trabajo aliviará a muchos; eso vale hermanita.

Pido a Dios, los cobije y los aliente espiritualmente; que tengan la fuerza, el amor, y los bríos, de seguir por la senda del bien; cada uno cumpliendo con su deber y buscando Su luz; la única luz que realmente ilumina el camino del amor y del bien. Todos queremos cumplir; es nuestro deber como comuna de espíritus.

Gracias al Creador que podemos orar, amar, adelantar y progresar. Serás feliz; primero cumplirás con tu deber, con tus obras lindas.

Tienes Su Mano en sus mensajeros, asistiéndote; escucha Su voz, recibe Su aliento.

10 de noviembre, 2007.

(Intuición del espíritu de mi hermana Helena.)

Paz, amor, hermana querida; todo lo bueno, lo positivo, lo prospero, que les venga a todos ustedes. Los amamos mucho; los acompañamos; los cuidamos, nos preocupamos y nos alegramos con ustedes. Son nuestras raíces; es parte del mismo árbol; si a uno le duele, le duele a todos. Que Su paz nos cobije y nos cautive a todos, para seguir creciendo.

Lograrás la escritura automática Gilda, porque tu devoción es sincera y con el tiempo, perfeccionarás el método de escribir. Estamos escalando, logrando, subiendo escalones y la escalera es larga; pero no hay porque desfallecer, solo hay que tomar pausitas; un breve descanso y seguir como los alpinistas.

Que bella es la fe; es un bálsamo de vida que nos envuelve y nos vitaliza; no hay mejor medicina. Sigue tranquilita, buscando las nuevas avenidas; completando tu caminata de progreso.

(Intuición del espíritu de mi madrecita Monserrate.)

Hijita querida, hay recuerdos tristes, y también felices, de tu amor e inocencia; de tu entrega eterna a la obra espirita; ha sido toda una vida de creencia y de fe. Te carga tu fe y los buenos espíritus. Ellos han sido tus padrinos; ahora están ahí, contigo; me encanta lo que veo, son cosas tan y tan lindas.

Mi vida de espíritu es bella; traje mis obras en la maleta. Dios me ha premiado porque los veo a ustedes nobles, abnegados, y sé que fui una buena jardinera. Mis nietos son decentes, tienen buenos sentimientos, te aman, me aman, y esperan de Dios.

15 de noviembre, 2007.

(Intuición de espíritu de mi hermana Helena.)

Paz, amor, hermana querida; tranquila, tendrás tiempo para terminar nuestro trabajo. La vida te sonríe Gilda; aprovecha el momento; relájate, deja que los acontecimientos surjan; ye te hemos dicho que todo tiene un porqué. Dios es el que lo sabe todo; nosotros como espíritus intuimos solamente, presentimos, adivinamos, confiando en Él; ponemos toda nuestra confianza en sus manos.

Es tan grande el Universo, y las leyes divinas tan sabias; nuestros cerebros diminutos, no lo conciben; pero en eso estamos todos; aprendiendo, buscando, respondiendo, cumpliendo con nuestras tareas, con nuestras metas. Dios ayuda siempre, nos da la mano, o el consejo; siempre la asistencia está ahí.

Con esto queremos decirte que él que busca encuentra; es tan fácil como eso. Hermanita haces bien en aislarte y armonizarte; eso te ha limpiado el patio, y en paz haz sembrado. Tendrás flores muy bellas que son tus proyectos para el mundo; bellos, interesantes, grandes en iluminación, y alegría. Todo es bello al entregarnos a Dios con el pensamiento; todo se convierte en belleza.

Nuestros corazones se calman, la salud mejora, nuestros pensamientos son más claros; se crea la armonía necesaria para aliviarnos, iluminándonos; nos guía para completar esa tarea.

Somos tus socios; la compañía universal se puede llamar; Losseres Corp. Universal. ¡Que bonito nombre! Que bonita vida de crecimiento; sufrimiento si, si, pero también de progreso; de eso se trata. Con Dios todo está ligado; es una cadena extensa de amores. *Chain of Love." (Una brisa entraba por la ventana.)*

(Intuición del espíritu de mi madrecita Monserrate.)

Hijita querida, llegamos como un soplo quedito por la ventana. Dios es bueno, permitiéndonos abrazarnos, aunque en distintas dimensiones; son bendiciones; somos muy felices sabiendo que nuestros brazos siguen unidos; seguimos tomados de la mano. Nadie se extravía, se cae, o se derrumba; está sujetado por nuestros brazos invisibles de amor puro. He visitado muchos lugares bellos; es lindo, como decían mis amados Helena y Alberto. Nos asignan tareas; yo me siento gratificada, satisfecha, con lo que logramos entre todos; algún día me comprenderás mejor.

Veo a tu lado una pequeña palomita blanca con una ramita de olivo en su pico; llevando un mensaje amoroso; de paz, buena voluntad y de vida eterna, a los afligidos, a los tumbados y a los que tienen calor y sed de amar.

23 de noviembre, 2007.

(Intuición del espíritu de mí amado Alberto.)

Paz y paz; es la clave para pensar y ejecutar, para deslizarnos manteniendo la armonía interior que da la exterior. Saber pensar es una victoria, nos demoramos aprendiendo a pensar; no debemos hacer nada de impulso; sino pensar, calcular, hacer; pidiendo a Dios iluminación; para tomar decisiones.

Descansa amada, la habilidad la tienes; y con la ayuda de Dios, será una hilera de proyectos en el próximo año; te darán gran satisfacción. Monserrate siempre está de guardián cuidándolos a todos; dice, *"Son mi vida."* Ellos recuerdan todo lo de su niñez; el tierno amor de su abuelita; respetan su memoria, se respetan ellos y respetan a Dios y a los espíritus.

Que bello es el amor y en espíritu, se agudiza. Dios nos enseña el camino, pero de nosotros depende seguir sus indicaciones, su dirección; cada uno lo siente muy dentro; es la conciencia. Es tu alma que te habla; no dejes de escucharla, sigue esa pequeña voz.

Nosotros estamos a gusto viendo el esfuerzo que cada uno hace por corregirse y ayudamos en lo que podemos, pero de cada uno depende la recta final.

La paciencia es una virtud que se desarrolla, y se pule, es una muestra de progreso. Sigue con una bandera blanca de amor y paz; a los seres que obran contigo, gracias. Te amo.

1 de diciembre, 2007.

(Intuición del espíritu de mi hermana Helena.)

Paz y amor hermana querida; paz es la llave gloriosa para abrir todas las puertas. La facultad de tu madrecita Monserrate era y es muy especial; una maravillosa receptora de los mensajes universales.

Gilda, gracias por ser como eres; tu amor te enaltece, te transporta; tú eres una gran receptora de energía; del alma de las cosas.

Todo en la vida se puede remediar; solo hay que pensar e intentarlo, aún con asistencia divina, tenemos que buscar los medios; las herramientas para moldear la estatua que queremos crear; de nosotros depende la forma que le demos. Sabiendo que tenemos inspiración de Dios, hay que invertir tiempo y energía. Somos artistas, co-creadores de nuestro cuadro predilecto, que es nuestra vida; ahora, como quedará depende de cada uno.

Te hemos dicho que la disciplina y la paz, son ingrediente esenciales para lograr la mezcla; junto con los colores, que son nuestras emociones; entonces podemos dar un paso atrás para ver bien. Poder apreciar nuestra obra; satisfechos con lo que vemos.

La encarnación, nuestra vida; puede ser bonita y maravillosa, si la buscamos y la sabemos aquilatar. Hay que tomar el buen camino, el recto, que puede ser más largo, pero no hay *"Short cuts."*

A veces nos confundimos, nos equivocamos en nuestro deseo de cumplir; mantengamos el alma alerta; con la vista puesta en un punto fijo, que es la Bondad de Dios. Él nos alumbra el camino, y no hay tinieblas en su vía, solo sol, brisa y estrellas. Él nos guía; las ideas llegan y con calma, se ejecutan las grandes obras. Es bueno que siempre estés disponible; eres disciplinada, consecuente; Dios siempre responde.

Todos tenemos metas; pero algunos humanos se quedan por el camino, hasta que se dan cuenta, y se levantan de nuevo, para caminar. A veces hay que hacer pausas necesarias; tú has aprendido a sentarte durante las pausas; eso es un gran secreto para ser feliz.

Hermanita, hay tanta belleza aquí, en el mundo del espíritu, indescriptible; ustedes están limitados. Vendrá el momento, el gran momento, tan esperado, tan deseado por todos. Gracias Padre, por el poderoso amor que nos une; por la dicha de creer en ti; son tantas bendiciones que solo con nuestros actos, podemos agradecerte.

(Intuición del espíritu de mi madrecita Monserrate.)

Hijita querida, amada por todos nosotros. Se ve tu paz, son colores pálidos, *"Pastel colors"* sutiles, como me gustaban y me siguen gustando a mi; aquí hay colores maravillosos. Gilda, las páginas del libro toman color y vida con tus sentimientos; será un libro para repasar y repasar. Siento enorme alegría por el inmenso amor que se nota entre todos ustedes y nosotros; las cadenas son gruesas y sólidas, pero son livianas, no pesan; al contrario, ayudan para elevarnos, porque uno sube y alza a los demás. Es como una guirnalda de amor; a *"Floral Love Wreath."*

Calma con pasión; ¿Qué como es eso? Calma con pasión permite amar intensamente manteniendo la calma, que es la confianza de ser correspondido. Se encuentra pocas veces; pero se encuentra. Les deseo a mis nietos, salud, felicidad, y calma con pasión. Gracias Diosito por tanta dicha.

(Intuición del espíritu de mí amado Alberto.)

Paz en el mundo, y entre los hombres de buena voluntad; salud para seguir construyendo castillos, y no en el aire, sino en terreno firme para que otros escalen, logrando ver el majestuoso horizonte de Dios.

Queremos obsequiar nuestro amor en obras; para que los humanos despierten, piensen, y se encarrilen hacia el Creador. Hay muchos ciegos, miopes, y otros que van de caravana, con los ojos vendados; pero nosotros tenemos una misión; regalarles lumbre, una veladora o linterna para que vean el camino; y aún con las vendas, verán esa fogata del amor de Dios.

Padre ayúdanos; permítenos cumplir, sabemos que hay una gran necesidad de abrir las mentes y almas a la verdad. El cuerpo es tan pasajero, sin embargo lo han convertido en ídolo de oro; hay necesidad, y queremos cumplir.

La tuya es una obra sencilla, y domestica, Malena, pero grandiosa en sentimiento, y propósito. Hagamos todo lo posible por asistir en la tarea de traer paz al mundo. Tienes padrinos con palancas en lugares altos, con conexiones en las alturas, y que mueven las cosas.

Solo pedimos iluminación para ver nuestro camino; para no fallarte Padre, ni fallarnos a nosotros mismos; sino amarte y amarnos.

"Feliz Navidad, Prospero Año Nuevo", se convierte en realidad, cuando se mantiene la armonía, olvidando lo incómodo, desechando todos los recuerdos ingratos; pensando solo en las bendiciones de Dios.

Cada momento, día a día, solamente pensando en lo positivo; con la mente ocupada en cosas buenas; es un reconstituyente, un tónico que fortalece el espíritu.

Puedes cargar bultos pesados, echándotelos al hombre, y sigues, aunque sea cuesta arriba. Así lo hace el espíritu creyente, con la ayuda de Dios; sin mirar atrás, ni titubear, cumpliendo el compromiso; solo camina hacia adelante.

Son tantos momentos de iluminación, cuando se obra con amor y buena voluntad. En esa forma los espíritus de luz se pueden acercar; se les abre una puerta y una ventana, a los mensajeros de Dios; esas son las condiciones necesarias; es todo lo que piden.

10 de diciembre, 2007.

(Intuición del espíritu de mi hermana Helena.)

Paz y amor hermana querida; aquí estamos listos para establecer una corriente contigo y con otros; siempre hay quienes escuchan. Dios nos protege con su amor y poder, créeme.

Cada uno tiene su puesto; somos músicos en una extraordinaria orquesta universal. Aprendamos a tocar, para poder unirnos al grupo y dar serenatas al mundo.

Que nunca cese la alegría en tu alma y en tu corazón, hermanita querida: hay avenidas amplias con arboles frondosos; al final del camino hay Cisnes y aves multicolores; se escucha el trinar de las pajaritos y hay mucha alegría; así es tu vida. Gilda, no te detengas jamás; no, toma pausas por el camino, para no perder el Fluido Universal Vital, el ritmo divino que te acompaña; está en ti. A tu lado se deslizan seres sutiles, que llevan en sus brazos fuertes, una cosecha abundante para compartir con las masas.

¿Como darle valor a las cosas? ¿Que se lleva uno cuando se va al mundo del espíritu?

Nos llevamos lo que no se ve, pero se siente en el alma. Ese es el detector de lo que vale; el alma. *"The soul detector tells you what is of true value."*
(Intuición del espíritu de mi madrecita Monserrate.)

Hijita querida, el ambiente está más despejado. Escucha tus programas radiales, tus entrevistas; eso te ayuda, es un bálsamo para tu alma. Recuerda la alegría que le brindaste al mundo, en capsulas de amor; eso es servirle a Dios. Gracias Padrecito que yo estuve cerca para darte una mano, eso me hace feliz.

Ahora me paseo de aquí y de allá; soy como un vigilante, llevando mi luz. Me voy contigo mañana a Nueva York, estaré presente en los paseos; ahora puedo caminar y volar; soy feliz. *"Espíritu Feliz."*

21 de diciembre, 2007.   *Nueva York.*
(Intuición del espíritu de mi hermana Helena.)

Paz y amor hermana querida, todo es más fácil; ahora estamos más acoplados; ese es el amor y la disciplina en acción. Debes estar contenta, porque viene una época linda, destacada. Resultado de tu siembra, búsqueda, y aprendizaje,

Por el esfuerzo de tu madrecita, y los buenos espíritus, ahora tú piensas, y razonas; por eso eres más feliz, eso es verídico; lo bueno es que aprendiste. La pesadilla que viviste te aclaró la mente; te purificó como un bautismo; hay que ver las tribulaciones de esa manera; entonces las podemos llevar; ahora hay paz y calma en tu alma. Es una etapa memorable, de gran desarrollo espiritual.

Tú también asistirás a muchos en el futuro con tus consejos, con tus obras. Con nuestro libro se hará caridad; aliviarás a los apenados, tristes por la pérdida de seres queridos. Lo verás y te alegrará; es una manifestación grande; lo deseamos; pedimos a Dios poder lograrlo; querer es poder.

Tantas cosas maravillosas que hay en tu vida Gilda. Recuerdos espectaculares que pocos palpan; ahora mismo estamos viviendo una página de cristal; como los niños, transparente, clara y limpia. Somos una familia, como las copas de cristal, según el contenido que tenemos; sonamos.

(Intuición del espíritu de mí amado Alberto.)

Dios siempre lo da todo; nos consciente, calma, arrulla, nos alivia; enviando a sus mensajeros a consolarnos. Muchos seres felices, pasan por aquí dándote los buenos días, agradeciendo tu cariño y entusiasmo en el pasado y ahora, por ayudarlos. Contenta debes estar porque recibes la inspiración divina; tus ventanas están abiertas y entra el aire fresco de Dios.

El amor es la fuerza mayor que existe en el Universo; es la corriente que nos impulsa y nos eleva; pero hay que saber calificarlo, saber que se ama, y porque; cuidando ese amor y apreciando; porque es una plantita muy delicada, y se estropea fácilmente.

El sol sale todos los días; así es nuestra fe, viva a diario; una fe ardiente, fuerte, arropando a los que nos rodean; es una fe que crece; se esparce. Otros la perciben y se calientan con ella; es una fe que sirve de generador a los que están muertes en vida. Es una fe que levanta los ánimos de los que están dormidos o soñolientos; por eso queremos compartir nuestro fe, y nuestro amor, con el mundo; por eso estamos aquí.

Todo está listo para el siguiente capitulo de paz, y de prosperidad; tú también estás lista; y ese gran libro lo llevas en tus manos de buena obrera para levantarlo, y colocarlo en un atril; que todos puedan leerlo, brindándoselo al mundo. Estás compartiendo la Bondad, y la Compasión, de Dios; tendrás la gran alegría de verlo relucir.

Como prometimos; con el permiso y ayuda de Dios, comenzaremos a contarte anécdotas; haremos otro manual, más adelante *(Este libro)* otro libro; lleno de historias lindas, maravillosas. Veo una hilera de libritos con mensajes bellísimos; espíritus buenos los rodean, queriendo contribuir a la causa; en el futuro lo harán, con sus historias. ¡Tú eres nuestras manos!

Es bello cuando cumplimos; con una conciencia tranquila. El compromiso es mayor ahora; es más serio; porque es completar las tareas. Te amamos.

1 de enero, 2008.

(Intuición del espíritu de mí amado Alberto.)

Feliz año nuevo, querida y amorosa Malena; tu crecimiento espiritual ha sido lento, pero seguro. Ha sido un camino rudo, turbulento y penoso, pero de grandes logros, y de impresionantes avances, por tu fe y tu dedicación; eres trabajadora y determinada. Ese es el mayor premio para un espíritu que quiere avanzar; aprender y compartir con el mundo.

Es tan bonito estar ilusionado; levantarse en la mañana con un propósito; es bello, y se adquiere con fe, y buena voluntad. Siempre dejas la ventana abierta para la inspiración, y Dios te envía a sus mensajeros de luz, que te iluminan; esa es la Gracia Divina. No todos tienen esa dicha; se pueden contar las personas con ese don; es el resultado de una larga jornada de amor y trabajo arduo.

Con el permiso de Dios, usaré tus manos muy pronto, para escribir historias fascinantes.

5 de enero, 2008.

(Intuición del espíritu de mi hermana Helena.)

Paz y amor hermana querida; cada uno tiene sus dones y sus habilidades; cada uno tiene una tarea que cumplir; son asignaciones benditas que con amor y devoción realizamos. El Padre nos permite acercarnos, y esa comunicación es poco usual en ese mundo.

Que alegría trabajar juntos, poder obrar para el bien de la humanidad; es nuestra misión. Lo hacíamos en vidas anteriores, y volvemos a hacerlo; son lindos encuentros. ¿Cuantos lo creerán? Es milagroso, bello; un premio de Dios.

(Intuición del espíritu de mi madrecita Monserrate.)

Hijita y madrecita; sí, son momentos maravillosos, cuando estamos creando. Son muchos colaboradores: escritores, dibujantes y editores. El departamento creativo está dirigido por un profesor venerable; el guía el grupo. Con el alumbramiento de nuestra creación; *(Memorias)* jubilosos estaremos. Ayer estuve con ellos, y sí, me gustó el cambio que le hiciste a la caratula. Gracias por estar dispuesta, siguiendo tus intuiciones; una sensibilidad activa, es puerta abierta al infinito.

Todo avanza, nada se queda atrás; es un ritmo acelerado de eventos sucediendo constantemente. Parece que nada acontece, pero no es así, es un desfile; eventos positivos, negativos, e indiferentes.

Luchamos todos, por mejorar el medio ambiente; por aliviar las penas; manifestando, presentándoselo a los incrédulos el amor de Dios; asignándonos tareas bellas; todo en la vida es así; dar y recibir.

16 de enero, 2008.

(Intuición del espíritu de mi hermana Helena.)

Paz y amor hermana querida; detente y piensa en el milagro que ha sucedido durante estos años de lágrimas. Una bella obra está naciendo de las memorias de tu dulce madrecita y de nuestra relación tan especial. El libro tiene sus matices, sus sueños, esperanzas, y sus ilusiones, pero también tiene fe, y amor a Dios. Es un compendio de amor a Dios, y de caridad, con palabras al prójimo. Ha sido un camino largo; siembras rosales y tendrás pétalos, y perfume de rosas.

Que gran privilegio ver el proyecto logrado; es una cadena solida, amorosa, que nos conduce a un camino, mejor de servicio a la humanidad.

(Intuición del espíritu de mí amado Alberto.)

Aquí estoy Malena, esperando mi turno; me siento como un cascabel porque estás mejorando el libro; una gran meta para todos. Las páginas cantan llevando una serenata universal a los hogares.

Vienen momentos muy interesantes para ti en relación con esta obra. El libro es un trampolín, una valija bendita; te llevará a lugares de deleite espiritual.

Eternamente estaremos ligados, en pos de la luz de Dios; será un camino iluminado, porque llevamos paz y amor en nuestros corazones.

Nadie te puede quitar el brillo de la esperanza, de la fe, eso está impregnado en tu alma y en tu faz; visto por todos, según le pasas por el lado. Es la fragancia que deja tu alma; son efluvios sanos que rodean a los demás, al encontrarse con almas de buena voluntad.

Marchad hermanos, buscando cada uno su lugar; su sitial de espíritu encaminado hacia Dios; tomamos pausas, a veces obligados; pero seguimos el camino trazado por nuestro Creador.

Fe, paz; factores que calman y nos estimulan y por eso hay que cuidarlos y cultivarlos. No permitir que se los opaquen, ni se los tiñen; cada día los pulimos, y se los enseñamos al mundo; que carece de eso. Sigue con tu obra; somos muchos que contamos contigo.

(Intuición de espíritu desconocido.)

Amor en los corazones fríos del mundo; menos odio y más amor. Paz y amor; eso, y mucho más pedimos para ustedes, que son un buen grupo de espíritus; todos ramas de un gran árbol; *"Branches from the same tree."* That's why you love trees so much; it reminds you of our spiritual family and its extensions.

79

God loves us just the way we are; but He hopes that we will be better, for our own good; and for the good of our universal brothers.

Our Universality is on the line; every day we mold our future with our thoughts; keep them pure. There's a purpose to life; we are not here by chance; definitely, there is a purpose to life; we just have to find it and we usually do; that's true happiness; step by step, maybe slowly, but steady.

You will feel complete happiness when you achieve your goals, your spiritual goals. God helps us in our endeavors; loving you all; now and forever.

20 de enero, 2008.

(Intuición del espíritu de mi hermana Helena.)

Paz y amor, hermana querida. Iluminación en la oscuridad; claridad del alma, para saber, y poder disfrutar, lo que realmente tiene valor. Que no nos ciegue ni la miseria, ni la alegría; que veamos la verdad, la realidad, lo benévolo, lo que perdura. A veces somos necios en nuestra búsqueda por la felicidad e inflexibles en valorarla.

Lo que te favorece Gilda, es que tu vida es muy privada; más bien aislada, y te mantienes equilibrada por tu trabajo. Los grandes pensadores se separan de las masas y conversan con si mismos. *(Varias veces tuve evidencia palpable de que recibía mensajes telepáticos; que era autentico.)*

¿Como te podemos confirma el contacto certero entre nosotros? Ya lo viste con tus propios ojos; son muestras positivas de hechos reales, no de tu imaginación. *(Dudaba de mi telepatía.)*

Presta más atención a tus pensamientos; ya estaremos transmitiéndote más mensajes y con el tiempo, será más fácil y espontáneo; la vida se calmará en tu entorno.

(Mi hijo menor atravesaba una fase difícil; me afectaba; además mi anciano padre que cuido; requería más atención.)

21 de enero, 2008.

(Intuición del espíritu de mi hermana Helena.)

Paz y amor hermana; siempre pido luz para ver la carretera, a veces empinada, que nos conduce al bien; aprendiendo a leer las señales por el camino; sabiendo cuando detenernos, o seguir; ese es el arte de vivir. Alabado sea Dios que nos da el intelecto y el sentido común; el amor necesario para buscar y hacer el bien.

Desechando las inmundicias que nos sofocan. Ese es el aprendizaje; la evolución del ser. Repasa tu vida; piensa y contempla esas paradas, esos desvíos y ascensos, y sabrás si has aprendido. Es dichoso el que mira atrás, y ve el mejoramiento de su espíritu sensato, con un deseo de cumplir la voluntad de Dios.

Tu vida ha sido un camino angosto y torcido, pero será más ancho, y directo; tienes buena compañía, te amamos hermanita.

(Intuición del espíritu de mi madre Monserrate.)

Soy feliz hijita, soy tan feliz. Recuerdo tantas experiencias gratas contigo; de crecimiento mutuo, de apoyo y sostén entre espíritus que se aman; eso es lindo. Dios te bendice, besitos para todos.

28 de enero, 2008.

(Intuición del espíritu de mi hermana Helena.)

Paz, amor, hermana querida; pidiéndole a Dios que todo lo benévolo los envuelva; oramos por todos ustedes; los amamos. Sigue en paz, como esa brisa; alegre, altiva de espíritu, acurrucada mientras caminas.

Es un día bello; de sol, brisa, quietud y paz en el alma con esperanzas vivas; creemos en ti y te amamos Padre. Sigue adelante con fe y empeño; el camino a veces esta inclinado, pero hay ganchos divinos para sujetarse mientras subimos.

Gilda, prontito sentirás alegría y satisfacción; sigue marchando alerta, como el buen soldado que eres; cumpliendo, terminando tu obra.

No hay nada mejor en la vida que despertar en la mañana con una esperanza. Tantas vueltas que damos, como un carrusel. La vida nos convierte en tornillos, tratando de penetrar, de llegar, superar, de ser útiles; hasta que aprendemos, a ser útiles para el mundo.

29 de enero, 2008.

(Intuición del espíritu de mi hermana Helena.)

Paz y amor hermana querida, todo es porque es; las asignaciones hay que hacerlas; corregirlas, y terminarlas, para luego entregárselas al maestro.

Te falta un poquito más de concentración, y dedicación, a estas tareas, para que puedas partir contenta y feliz. Ya nos verás; sí nos verás, en algún momento; no se cuando. Habrá sesiones bonitas entre todos, y harás el segundo libro. *(Este es el segundo libro. Primero fue Memorias; traducido a Messages; sigue siendo el primer libro, para los espíritus.)*

Tenemos un libro lindo. ¡Inspirador! Dios es Sabio, nos dará los medios; estoy segura.

30 de enero, 2008.

(Intuición del espíritu de mí amado Alberto.)

Dios es nuestro Salvador, nuestra luz, y abrigo, en las noches largas y frías. Malena, como esa veladora que alumbra, así es el amor de Dios; es un foco de amor; deseamos que el mundo se entere que ellos tienen una lumbre inagotable, que los calienta y guía.

Nada de temor, ni incertidumbre; nos sentimos cobijados, protegidos y seremos rescatados si es necesario. Dios nos obsequia todo eso por su Infinito amor; hay que saber apreciarlo, discernirlo, aquilatarlo. Responderle con pensamientos y con nuestras buenas acciones en la vida diaria; así damos gracias.

Salud para todos; la carga se alivia con la salud. Todos tenemos que portar herramientas para abrir surcos en la tierra. La siembra no es fácil, las manos se rasguñan; finalmente vemos frutos; una deslumbrante abundante cosecha, y la felicidad es inmensamente grande. Así es tu vida mi amada Malena; lesiones y rasguños tienes en las manos del espíritu, pero la abundante cosecha te hace vibrar con satisfacción y alegría del alma complacida.

No pienses en el ayer, ni en el mañana, con hoy basta; hacer de hoy un buen día con tu esperanza, amor, paz, fe y sueños; hay tantos seres que no tienen ni uno de esos ingredientes, son los pobres, los pobres de la vida.

Hoy nos lleva al mañana; es la continuidad del espíritu noble; siempre abriendo caminos. El que cumple manteniéndose en una línea ordenada de amor, y de servicio al prójimo, tiene porqué reír.

1 de febrero, 2008.
(Intuición del espíritu de mi hermana Helena.)

Infelices son los abusadores; pobres espíritus que se quedan en la obscuridad y no buscan la luz; Dios los ilumine. Todo se paga; tarde o temprano.

Sigue con un rayo de luz en tu frente, para que todos vean tu bondad y amor. Hermana buena, no te preocupes por nada. El bien siempre vence sobre el mal; la verdad siempre surge; la fe es como dinero en el banco, porque en los momentos de necesidad; siempre puedes sacar recursos.

Gilda, te amamos; muchos seres somos tus socios; recuerda eso, el libro se publicará en nombre de Dios.
(Intuición de mi madrecita Monserrate.)

Hijita, estás cansada; falta poco para terminar; tendrás alivio. Hijita buena, nosotros como ustedes, estamos en la expectativa, porque todos los días es un capitulo de una novela; a veces mal escrita.

Ya veremos que nos trae el capitulo de mañana; pero comprende que nosotros somos co-creadores de ese libreto; nuestros pensamientos ayudan a escribir mejores líneas y resultados.

Es necesaria la comunicación con tus hijos; son ovejas buscando soluciones. Es bueno que puedes asistirles; somos su familia invisible; acompañando.

3 de febrero, 2008.

(Intuición del espíritu de mi hermana Helena.)

Paz y amor, hermana querida; gratitud para los mensajeros de Dios. Es maravilloso no tener dolor; poder caminar y volar; si así lo deseas. Ya sabrás que la vida del espíritu, es esplendoroso, ingrávido, linda. No hay mucho tiempo separándonos; los días pasan rápidamente; el tiempo no existe aquí. Tu regreso a casa, lo celebraremos.

A Monserrate le gustó tanto esa encarnación en Nuevo Orleans, como Isabella Karran; la disfrutó. *(La Historia en Memorias.)* Ella es feliz; *"Espíritu Feliz"* se llama ahora. Dios te bendiga Gilda; por tu abnegación, devoción, y tu amor puro.

6 de febrero, 2008.

(Intuición del espíritu de mi hermana Helena.)

Dios nos bendice a todos; sosteniéndonos en sus brazos; perdonándonos, amándonos; tenemos que poner las cosas en orden; como cuando se prepara una mudanza. El orden nos permite pensar y ejecutar con esmero.

Nosotros los amamos a todos, somos su familia invisible pero siempre presente. Vemos sus penas; sentimos su amor, sus momentos de tristezas y de alegrías; es verdadero amor. Gilda, no te preocupes, mañana es otro día; ya escribiremos.

(Intuición del espíritu de mi madrecita Monserrate.)

Hijita querida y madre abnegada; tan parecida a mí; es impresionante el parecido.

Dios bendiga a mis nietos, a mi hijo, y a la bebita de Karym *(Nieto.)*, Vienna Skye.

Los muchachos necesitan de ti; tú me representas. Dale las gracias por amarme tanto. Sabemos que nuestros mensajes con palabras de aliento, les hacen mucho bien; están tranquilos por su gran fe, Dios los bendiga a todos.

(Intuición del espíritu de mí amado Alberto.)

Amada Malena, progresas muchísimo, y aspiras más; lo sabemos. Tendrás nuevas historias para futuros libros; lo bueno es que planificas; como dice Helena: organizarte te ayuda. Muchas avenidas te faltan por recorrer. Veo un cuadro lindo, amplio, con alegrías para todos, ahora, y más adelante. Gracias Malena por tu amor.

(Escritura automática de espíritu desconocido.)

Si, venid, aquí espero; nuestra tarea apenas comienza. El espíritu es algo maravilloso; la vida de ustedes es muy aburrida, en comparación.

Nosotros sí tenemos mucho que ver y hacer; es un horizonte ancho, ancho, y majestuoso. Sol, Luna, Estrellas, Firmamento; el Universo.

Nuestra visión se extiende, es más ancha, enormemente amplia; llega lejos, muy lejos; así es nuestra esperanza, así es nuestro amor. El cumplimiento de la ley de Dios; esa es nuestra meta. Unidos ante un mismo frente, en pos de un mismo fin, o comienzo. La obra está sensacional.

7 de febrero, 2008.

(Intuición del espíritu de mi hermana Helena.)

Iluminación, paz y amor; todos unidos estamos marchando con amor hacia Dios; unos rapiditos, otros lentos, pero todos unidos; una gran luz nos alumbra, guía, calentándonos, calmándonos; juntos llegaremos, juntos cumpliremos.

Dios nos ama y nos responde cuando ponemos todo nuestro empeño en proyectos de amor para el mundo. Él nos cuida, nunca cesa de darnos consejos; inspirándonos a través de sus mensajeros que nos ayudan con nuestras cargas; son hermanos mayores corriendo para auxiliarnos. Solo, tengamos la paciencia para ver los resultados. Esperando con calma y esperanza; sabiendo que será cumplida la voluntad de Dios.

Entre todos se ha logrado algo milagroso con estas comunicaciones; palabras, sentimientos, emociones y pasajes de maravilloso afecto genuino en el libro; harán pensar y reflexionar a los lectores. Es una obra bella entre tantas, envuelta en amor; gracias hermanita por tu devoción y amor.

Vivimos una experiencia bella con Monserrate; ella es feliz sabiendo que sirvió; fue conductora maravillosa de nuestras voces y sentimientos. Son asignaciones muy especiales; pocos tienen esa dicha.

Estamos a buena hora, a paso lento pero seguro; calmada, adelante con esa obra magnifica; bendiciones para ti, los muchachos y Nel.

15 de febrero, 2008.

(Intuición del espíritu de mi hermana Helena. Lago.)

Paz y amor hermana querida; Dios los bendiga; Él nos ilumina, nos ama, nos protege, y alienta. En su nombre obramos. Ese amor va impregnado en esas páginas; testamento de fraternidad y amor; no importan las fronteras, somos uno; rogamos por la paz.

Solo hay que amar, trabajar, esperar; tener fe y esperanzas activas. Hermana, ya casi; tranquila, no te preocupes; un paquetito bien hecho tiene Dios para entregarte; es un premio, una nueva muestra de su amor, nada te faltará; mantén la armonía, usa tu astucia y ten paciencia; lo que estás haciendo es bueno.

Tienes bonitos recuerdos aquí en el lago; con tu madrecita, y con nosotros; son memorias para siempre. *(Intuición del espíritu de mí amado Alberto.)*

Gloria a Dios, bendiciones, Gilda querida; te veo riéndote, feliz; momentos de gran satisfacción. Haz aprendido mucho con este libro. *(Memorias.)* Era un proyecto importante que estaba en tu vida.

Tú te habías comprometido para hacerlo mientras estabas en espíritu. Helena y tú lo acordaron; y con la voluntad, el amor de Dios, y asistencia de nuestra familia espiritual, se ha convertido en una realidad; gracias Padre y a todos los hermanos.

22 de marzo, 2008.
(Intuición del espíritu de mi hermana Helena.)

Paz, amor, hermana querida; que lindo lo que te ha sucedido Gilda; has cambiado, has mejorado. Ha sido un camino rudo, lleno de espinas y rasguños; con lesiones, pero hasta las cicatrices se están disipando. Es el amor, la voluntad y la fe en operación; no te has olvidado de *"Querer es poder."*

Para nosotros es de gran alegría y satisfacción ver, que hemos servido; que nuestras palabras y oraciones no se han perdido, que las compartes con tus hijos y hermano.

(Intuición del espíritu de mi madre Monserrate.)

Gilda, amada hija; que bien te acomodas para que nadie te saque de tu armonía, así hacía yo. Esa es la formula mágica para ser feliz.

Los pajaritos son tus compañeros, tu coro divino; ellos te inyectan de energía con sus trinos; es una gran serenata entre los sonidos terrestres y los universales.

Cada uno tiene talento dotado por Dios, debemos usarlo. Me siento contenta porque te ayudé a cumplir, a pulir tus habilidades, tu talento. Juntas laboramos y crecimos; son recuerdos gratos.

Recuerdo mis miedos; te agradezco por cobijarme; siempre me cuidabas como a una niña asustada. Ahora cobijas y cuidas mis escritos; es un bello regalo que me haz hecho; no esperaba tanto, mil gracias.

La obra que estás terminando es un privilegio; a pocos Dios concede semejante tarea; sigue elaborando tu manjar florido, para compartir con el mundo, en una comunicación vasta y eterna; luz para los ciegos que tienen vista pero no visión.

23 de marzo, 2008.

(Intuición del espíritu de mi hermana Helena.)

Paz y amor hermana querida; *"Happy Easter Sunday" (Pascua)* Gracias Jesús por tu amor y tu paz. El mensaje de la resurrección es muy poderoso; confirma la vida eterna; es amor y perdón de Dios; dándonos otra oportunidad. Su amor es perdón y ese perdón nos permite comenzar de nuevo. ¡Gloria a Dios!

Gilda, recuerda que todo se mueve, todo fluye, nada es estático; de nosotros depende que la corriente sea positiva; que esa energía se active con nuestro amor y pensamientos. Vamos moldeando nuestro ambiente, nuestra escena corporal y circunstancias, con nuestros pensamientos; así es.

Traigo como regalo unos conejitos del Universo para tu nieta Vienna Skye; ellos saltan y hacen piruetas; dicen *"Te amo, te amo."*

(Intuición del espíritu de mí amado Alberto.)

Malena amada, que dicha nuestra; unidas siempre, nuestras almas se comunican; lo bien que concibes mis pensamientos. Es maravilloso y raro, en un mundo tan amplio, es una bendición; estoy agradecido de Dios.

Estás haciendo una gran obra, solo te faltan unos toquecitos; Monserrate me dice que te felicite; todos te felicitamos. Dios te seguirá iluminando Malena amada.

Que bueno que leíste la letra del tango *"Malena."* Es un viejo tango, basado en una obra teatral, en la cual tú participaste; es algo de tu pasado y el mio. Hemos estado juntos unas cuantas veces; Alberto fue Alejandro.

La historia es así; fui Elpidio primero, más tarde, Alberto; pero también vive en España, y te quise desde entonces; son historias exquisitas de amor eterno. Hemos vivido, amado y sufrido bastante; pero el camino está más amplio y limpio ahora, por eso Dios nos da esta dicha.

Tengo que contarte mucho, algún día podrás escucharnos; habrá una comunicación verbal; tan linda; bella. Somos todos ramitas que nos amamos; gracias a nuestro Creador, no me canso de darle las gracias, por esta comunicación.

(Intuición del espíritu de mi madrecita Monserrate.)

Hijita amada; estamos muy a gusto, las tres hermanas; hacemos nuestras rondas por tu mundo y por el Universo; hemos viajado con nuestros padres y conversado con ellos; es algo bello. Estoy loca por poder hablar *"tu"* a *"tu"* contigo; en alguna forma será.

27 de marzo, 2008.

(Intuición del espíritu de mi hermana Helena.)

Paz y amor hermana querida; gracias a Dios que tenemos salud espiritual, y física para lograr nuestras metas.

Todo requiere un esfuerzo; a veces sobrehumano por los obstáculos; con determinación, fe y devoción; se facilitan las cosas. Se ven los resultados tarde o temprano; son cosas extraordinarias las que ocurren cuando se combinan esos elementos. Con la Gracia Divina y la asistencia de los hermanos espirituales, se crea una fuerza magnética muy poderosa; nada es imposible para Dios y sus mensajeros.

Gilda, estás más receptiva, es la paz que llevas en el alma; cuídala, consérvala; mucho te a costado adquirirla. Si, Alberto fue Alejandro; me gusta como atas cabos; eso lo hacías en el ayer. La historia es muy bella; sí, él te fue a buscar a Puerto Rico. Hubo una pequeña confusión de fechas, y no te encontró; pero aquí lo tienes; Dios es Generoso y Misericordioso; ya sabrás más.

(Intuición del espíritu de mí amado Alberto.)

Malena amada, si tú supieras lo que te espera; es un camino brillante de luces encendidas; es un camino que hemos construido todos juntos, con nuestra fe y amor a Dios. Es una carretera azul; porque la luz pura, luce azul. Cada uno ha sido un jornalero, levantando la piedra, colocándola en su lugar. Ya terminada la ruta, emprenderemos camino; llevando nuestros mensajes al mundo.

Repito que la disciplina es tan importante en cualquier mundo; la disciplina es armonía y esa armonía da paz; permitiendo que el amor brote con intensidad. La densidad del cuerpo nos hace torpes, dejamos de sentir, adormecidos; hay que ser más espirita en ese mundo, más espiritual, es la verdad.

La vida de espíritu es exquisita; Alberto te ama Malena; siempre estoy cerca, abrazándote con mis alas de energía.

10 de abril, 2008.

(Intuición del espíritu de mi hermana Helena.)

Paz, amor, hermana querida; luz para poder seguir contribuyendo, a la liberación de espíritu, de nuestros hermanos de la tierra. Con tu devoción, poco a poquito has tejido una gran manta multicolor y pesada, pero liviana; que cubrirá del frio a muchos; un tejido que perdurará y será apreciado.

El misticismo se busca y atrae; gracias Padre por los medios para lograrlo; recibes los mensajes como correo electrónico.

(Intuición del espíritu de mi madrecita Monserrate.)

Soy feliz hijita de ver tanta belleza, y de poder hacer la caridad. Aprendo de la naturaleza; todo me llama la atención; no me cansa ver tantas maravillas.

No se como explicarte; aquí, es como la vida allá, pero sin dolores, ni penas; sino con una sensación de alivio, amor, y de paz única. Conversamos, nos reímos, compartimos; también tenemos tareas, que con gusto hacemos; tomamos pausas para ver a nuestros seres queridos; oramos por todos ellos, ustedes; queremos protegerlos y estamos al tanto de todo.

Nuestro amor es grande, tú no tienes idea. Dios nos muestra su amor y poder a cada rato; solo hay que fijar la mirada, y agradecer. Los visito; alegrándome de ver las cosas buenas que vienen; los abrazo a todos diariamente; los amo.

2 de mayo, 2008.

(Intuición del espíritu de mi hermana Helena.)

Paz y amor hermana querida, me alegra verte tan entregada a la oración; has progresado. La oración es un tónico fuerte; reanima y fortalece, permitiéndote volar con el pensamiento. Nunca dudes de las bienandanzas que están ahí, a tu disposición; todo lo de ese Padre; está ahí, para tomarlo; simplemente hacer un esfuerzo y tomarlo.

La vida se hace más simple; las cosas se facilitan cuando le extiendes la mano a Dios, para que te guie.

10 de junio, 2008. *(Con mis hijos en NYC.)*

(Intuición del espíritu de mi hermana Helena.)

Hermana querida; ¿Cuantas veces tu madrecita oró por ti? Siempre las madres cuidan a su cría; ese gran amor que los une, es lo más bello en la tierra; benditas sean las madrecitas buenas.

Las cosas mejorarán; etapas de satisfacción se avecinan; el libro, *(Memorias)* nuestro libro; les dará alegría a muchos. Saldrá como una luz; alumbrando, dejando huellas en innumerables almas. Gracias Padre; a todos los que contribuyeron; gracias.

(Intuición del espíritu de mi madre Monserrate.)

Hijita querida, estoy más cerca; tengo la liviandad que siempre deseaba y me siento fuerte, dispuesta; es una sensación única; mi vida de espíritu es linda, linda, no te lo puedes imaginar. Gilda, tú serás muy feliz aquí; lo que no te has encontrada ahí, te espera acá: el amor de tu vida; Alberto; Dios lo bendiga. ¡Cuando regreses será un gran día!

Me siento muy dichosa viéndolos a ustedes juntos, es un bello sueño de amor y ternura; todos son mi vida, aún en espíritu.

(Intuición del espíritu de mí amado Alberto.)

Malena amada, haz aprendido que la vida no es tan difícil cuando se aprende a remar con la corriente, por eso tienes paz. Te aclimataste a los cambios y dificultades; no te sorprenden y sabes sobrellevarlas; eso es una bendición. Estás apartada mentalmente del mundo; eso también te ayuda a concentrarte en tu obra; son técnicas sabias. Tendrás tiempo de compartir y disfrutar, aunque sé que no lo extrañas.

La obra se está puliendo. Estamos abrazados en gratitud a Dios; a tantos seres que han laborado contigo para sacar el libro. Te amo; se acerca el día deseado.

27 de junio, 2008.

(Intuición del espíritu de mí amado Alberto.)

Malena amada, sol de mi vida; algún día te contaré más de nuestra historia. Todavía vienen más libros y libritos, falta un tantito. Tú aprovechas bien tú tiempo; tu empeño es impresionante, así se comporta un espíritu en busca de la luz, en pos del progreso.

El mundo quiere aprender. Hay un desajuste de vías, que con el tiempo se ajustarán. Tú traerás luz y alegría a muchas almas; le brindarás nuestro libro y los aliviarás, en nombre de Dios. Es por eso que pedimos luz para ver todo el cuadro, no los pedacitos.

Somos soldados valientes, en una gran batalla entre el bien y la ignorancia; llevamos armadura fuerte, solida, impenetrable; es nuestro amor, fe, la ayuda de Dios y de los seres de luz. Piedras y proyectiles pasan de cerca, sin tocarnos.

Diariamente podemos aprender y ascender; nos acercamos a Dios con paz; confiando en nuestras fuerzas y en su protección.

Malena hay un camino frondoso y floreado para ti, llegarás pronto al sendero; es parte del resultado de tu gran esfuerzo. Sigue poco a poco, empujando la carreta llena de tus regalos para el mundo. La carreta es pesada, pero hay muchos que quieren darte una mano, aliviarte la carga entre todos; la llevaremos a los hermanos que esperan de buenas nuevas. Son cosas del alma; muy profundas que vendrán a ti.

Tu vida siempre ha estado llena de experiencias intensas; enriqueciendo tu espíritu, y eso se refleja en tu trabajo. Piensa que eres repostera y confeccionas un biscocho; una torta sabrosa; habrá muchos pedacitos para repartir, y gustará a mucho; pedirán más.

No temas; debes hacer lo que la conciencia te dicte, pues hay múltiples formas en que Dios nos habla, nos quía y nos conduce; simplemente hay que darle paso a esa inspiración; calmada escucha esa voz. Dios te cuida, y tus amigos en espíritu, te cargan. Necesitas tu cuerpo en condiciones óptimas, y así será. Te amo, Malena; los amo a todos.

4 de agosto, 2008.

(Intuición del espíritu de mi hermana Helena.)

Paz y amor hermana querida; que bello es sentir paz y tener un propósito en la vida. Con paz eres millonaria; es el tesoro escondido en tu alma.

Mantente receptiva siempre al amor de Dios, y a las ideas constructivas por bien de la humanidad. Todo es maravilloso en el jardín de Dios.

(Intuición del espíritu de mi madrecita Monserrate.)

Hijita querida, sigue; tendrás destrezas para terminar la encomienda; Gracias por amarnos tanto y tanto; nosotros igual; tanto y tanto.

Te abrazamos, nos sientes; percepción aumentará cuando estés más tranquilita. Esos mensajeros de Dios que te inspiran y te ayudan con el libro, son sabios y pacientes; van y vienen como un soplo, como la luz. Dios los bendiga a cada uno.

Yo también, estoy muy contenta recordando tus programas; agradezco a Dios que pude compartir esos momentos contigo, hijita. Complacencia tengo en mí.

Para innumerables espíritus aquí presentes, son momentos espectaculares; han venido a saludarte, y agradecerte las entrevistas y tu sincero interés en llevar, en brindar, su talento al pueblo. Ellos dicen: *"Gracias"*, un gran coro: *"Gracias Gilda."* ¡Alabado Dios!

Hijita, tuviste gran inspiración y aún la tienes; con calma lograrás las metas; tu esfuerzo es notable. Sabes que soy inquieta; me gusta pasear. ¡Esta vida del espíritu es ideal para mí! Dios los bendiga a todos; paz y amor.

(Intuición del espíritu de mí amado Alberto.)

Malena, respuestas tendrás a tus   interrogantes; sabrás muchísimo más de nuestra evolución; te sorprenderá, porque es fascinante y bella; sabes, nos buscamos, encontramos y siempre nos amaremos.

16 de agosto, 2008.

(Intuición del espíritu de mi hermana Helena.)

Paz y amor hermana querida; cada día puede ser una aventura linda, con fe, caridad y amor. Hacemos de nuestras vidas lo que deseamos; indudablemente nuestros pensamientos influyen en los hechos.

Gilda, ahora eres más liviana, más espiritual; eso es una bendición. El libro te ha transformado; tanto repasar las conversaciones con los espíritus te llegó al alma.

Tiene que salir el mensaje, claro, preciso; recuerda lo que te conté de nuestra vida anterior; nuestro lema era, *"Con prontitud y esmero." (Tutoras, traductoras; NYC, 1840; en Memorias.)*

Llevarás nuestro mensaje de amor y paz, de vida eterna; a diversos lugares. Gran cantidad de personas te aceptarán, te creerán y seguirán nuestros consejos. Es una cosa sublime, una misión bella y notable; gracias a Dios.

(Intuición del espíritu de mi madre Monserrate.)

Hijita amada, siempre pienso en nuestra vida juntas; gracias por compartir tantos momentos lindos conmigo. Siento inmensa satisfacción y alegría al ver el resultado de los mensajes que llegaron al mundo, con la ayuda de Dios, mis guías, nuestra familia espiritual, y espíritus protectores.

(Intuición del espíritu de mí amado Alberto.)

Talento, fe, conciencia de ser, y un compromiso con Dios; elementos sagrados y muy poderosos en esta jornada. Es una cooperación entre dos mundos; no se puede pedir más; sino agradecerle a Dios.

24 de agosto, 2008.

(Intuición del espíritu de mi hermana Helena.)

Paz, amor, hermana querida; la fe es nuestra estrella luminosa; nos guía, nos permite transitar en una noche obscura.

Tú tienes esa estrella Gilda; es tu ardiente deseo de dar, de obsequiarle al mundo nuestros mensajes de amor y fe; tienes una gran ayuda asignada por Dios, eso te debe servir de consuelo; no estás solita, hay hermanos amándote, hablándote al oído y susurrándote ideas.

Estabas atorada; *(Medidas para la imprenta.)* calculaste y no te daba resultados; buscaste, pediste ayuda y se resolvió; vinieron los mensajeros para asistirte; son regalos de Dios, que sabe exactamente lo que nos hace falta. Para todos los mensajeros del Creador, nuestra gratitud.

En el Universo todo es armonía, y cuando existe armonía en nuestras vidas, las cosas marchan con suavidad, fluyen, se deslizan. Así será con nuestro libro; tomará velocidad al levantar vuelo, porque lleva un contenido de amor y paz; es una invitación a esperar y creer en Dios.

11 de enero, 2009.

(Intuición del espíritu de mi hermana Helena.)

Paz y amor hermana querida; pido iluminación; que se enciendan todos los focos para ver mejor. Nuestras almas se regocijan; sabemos que estamos obrando bien. Somos felices cuando nuestras conciencias están tranquilas; es la mayor felicidad; la paz de sabernos limpios.

Hay que buscar las buenas avenidas, caminos amplios, veredas frondosas, con sol y brisas frescas. Ustedes, Monserrate y tú recibieron mucho amor y han reciprocado; ambas han tenido existencias llenas de sacrificios y de sentimientos puros, con mucha fe.

Comprende que los espíritus estamos atados; no podemos tomar decisiones por los mortales, no es nuestra misión; solamente podemos alentarlos para que sepan que Dios los ama; que un ejército de espíritus de luz los asiste; orando, y trabajando, por bien de todos.

11 de febrero, 2009.

(Intuición del espíritu de mi hermana Helena.)

Todo, todo siempre está desplazándose, no hay nada estancado o fijo, nada hay sin movimiento. El movimiento y la armonía son esenciales en el Universo, y en nuestras vidas, en nuestras evoluciones.

Nos alegra enormemente tu paz, tu disciplina; has crecido mucho, hermanita, pero todavía te falta; como no. Queremos instarlos a continuar escalando los peñones, que a veces lucen altos, pero según nos acercamos, son bajitos y los podemos subir.

La vida es como una escalera; paso a paso; parece que nos vamos a caer, pero no, seguimos; nos sujetamos de nuestra fe, de nuestro amor a Dios, y damos otro paso hacia arriba, adelante. No nos atrevemos mirar hacia atrás o para abajo, por miedo a caernos; pero miramos y no nos caemos; porque todos estamos bien sujetados a Dios. Calma y persistencia, eso es todo. Dios los bendiga a cada uno; sobre todo a los niñitos que son tan indefensos. Paz en el mundo.

(Intuición del espíritu de mí amado Alberto.)

Hay tantas cosas que decirte amada Malena; nuestras evoluciones son paralelas; estamos viviendo experiencias juntos; cada uno en su propia dimensión. El crecimiento es mutuo; es algo complejo, pero a la vez simple.

Nada se queda, todo se mueve, no se detiene; el amor nos impulsa, y la fe genera la energía necesaria; creando y conservando movimientos acrecentados; todos estamos acoplados alcanzando; ustedes nos ayudan y viceversa.

(Intuición del espíritu de mi madrecita Monserrate.)

Hijita querida, estoy siempre muy cerca; son ustedes mis capullos bellos y fragantes; es un jardín muy lindo que tenemos y todos somos jardineros.

Que el mundo entero vea que hay un Ser Supremo que los ama, y los atiende. Cuando nuestro Creador pone su mano, nuestros asuntos se alivian; es un constante testamento de su amor e intervención.

15 de febrero, 2009.

(Intuición del espíritu de mi hermana Helena.)

Paz y amor hermana querida; cada vez que leas los mensajes del libro; *(Memorias.)* te emocionarás. Si, si, porque fue con la asistencia divina que pudiste ejecutarlo. Tenemos muchas cosas que contarte; que vendrán y te sorprenderán; son grandiosas.

Monserrate sigue contentísima, y con razón; fue ella que los transmitió, los elaboró, trabajó mucho, y los inspiró a todos ustedes con sus buenas semillas que han dado magníficos frutos.

(Intuición del espíritu de mi madrecita Monserrate.)

¡Yo no se cuantas veces repetir, lo contenta que estoy por el libro! Sabemos que Dios envío ayuda para orientarte; pero, me admiré como pudiste captar sus instrucciones tan bien; quedó lindo, gracias Diosito.

17 de mayo, 2009.

(Intuición de espíritu desconocido.)

En nombre de Dios todopoderoso; luz, si luz; pide siempre iluminación, para ver el camino más radiante; con amor para todos. Augurándoles mucho deleite en sus almas y vidas. Gracias hermanos iluminados; Dios los favorezca.

Nuestro Creador es Bondadoso, Sabio, todo Amor; perdonando tantas ofensas, chiquilladas y tonterías. *(Dejé de canalizar.)* Él conoce bien, lo que está en el fondo de nuestros corazones.

Hermana, estamos muy alegres con tu empeño; poco a poco notarás más fuerzas, salud, bienestar, y el deseo de cumplir esta tarea.

5 de diciembre, 2009.

(Intuición del espíritu de mi hermana Helena.)

Paz y amor hermana querida; te felicitamos por tus inspiraciones bien captadas. *(Traducía Memorias al ingles; Messages.)* Nosotros estamos dispuestos para asistir, con el permiso de Dios; estás más receptiva últimamente; nos alegra, porque sigues desarrollando; vienen más sorpresas, gratísimas.

12 de abril, 2010.

(Intuición del espíritu de mi hermana Helena.)

Paz y amor hermana querida; hace tiempo que no hablamos cara a cara; siempre estamos presentes, aún en la distancia. Nuestras almas están unidas por inmenso amor y afinidad. Compromisos sagrados tenemos; decididos estamos a cumplirlos.

La lluvia fresca de Dios limpia el sendero; contemplaremos el cielo en toda su majestuosidad y recibiremos aires frescos, universales; que calmarán nuestros espíritus. Nada se mueve sin la voluntad de Dios; Él es Poderoso y Generoso; siempre escucha nuestras plegarias; somos testigos videntes de su Bondad y Amor. Siempre nos contesta a su manera, porque sabe lo que nos conviene; toda petición tiene una contestación.

17 de abril, 2010.

(Intuición del espíritu de mi hermana Helena.)

Paz y amor hermana querida; iluminación para todos; luz y más luz; nunca hay suficiente luz. Somos muchos unidos por gran amor. Estamos al tanto de ustedes; velando, atendemos a sus peticiones.

Todo está caminando de acuerdo a un proyecto de mejoramiento espiritual de progreso y de aprendizaje.

Cada día es un paso más, una lección más. Todos tenemos que ser buenos estudiantes para graduarnos.

20 de abril, 2010.

(Intuición del espíritu de mi hermana Helena.)

Paz y amor hermana querida; traemos buenas vibraciones del Universo para ustedes; es inmenso puro amor; no lúgubre, ni triste, ni penoso; sino eterno y brillante, como el sol. Queremos abrazarlos a todos; son nuestros protegidos; no queremos que nada negativo les suceda; muy al contrario, que haya alegría, júbilo, salud y cantares en sus vidas.

Que regocijo, ver los resultados de nuestra siembra; los libros en sus manos. *(Publiqué Memorias y Messages.)* Gracias a Dios, a todos los seres de luz que contribuyeron a esas obras; habrá otras. Hay tiempo todavía para laborar; dejando más semillas de espíritus nobles en ese mundo. Hermana, animo, puertas anchas se abrirán.

23 de abril, 2010.

(Intuición del espíritu de mi hermana Helena.)

Paz y amor hermana querida. Repasa tu vida y verás lo mucho que Dios te ha socorrido; tu ángel guardián siempre ha estado muy ocupado; le damos gracias. Deseamos que nuestros hermanos abran sus ojos; sabiendo que Dios es Justo, Generoso, que la vida continúa; Él nos ama; nos lo muestra a diario.

Estamos unidos por amor y respeto, apoyándonos; Dios nos perdona y nos mece. Vientos por las ventanas entran a toda hora; algunos refrescan, otros calientan, pero hay que tener la ventana abierta; cuidándonos de las malas corrientes; así es todo, con los espíritus igual. Dios nos ayuda y nos ilumina.

Como barcos, nuestras almas navegando siempre, buscamos los puertos seguros para abastecernos; hay un gran faro que nos guía; es nuestro Creador.

Sigamos su luz; siempre nos lleva al puerto seguro Debemos comprender que los seres humanos son caprichosos; hay que tener piedad, cultivar la paciencia. Tarde o temprano, aprenden; los golpes enseñan. Nada se pierde en nuestro camino; recogemos en dos canastas, lo bueno y lo menos bueno; vaciemos lo negativo; limpiando nuestras canastas.

Gilda, pronto comenzaremos a proveerte nueva información; muy valiosa, para otro libro; si para otro libro. *(Este libro.)* Cambios habrá, ajustes tendrás que hacer; pero con paciencia lo harás en armonía.

26 de abril, 2010.

(Intuición de espíritu desconocido.)

¡Es fascinante pensar en todo lo que podemos ser! Podemos ser felices, exitosos y saludables. Todo eso se puede obtener. Sólo tenemos que tomar el camino correcto y seguir, con pensamientos y acciones al unísono.

Benditos los que se dan cuenta de su potencial y trabajan, alcanzándolo; son incansables, constantes en el sendero. ¿Sabemos por dónde ir? ¿A quién acudir? ¡No! Percibimos, lo sentimos, y los espíritus de luz nos ponen en piloto automático guiándonos.

¡Qué maravilloso y bello todo se siente, y es! No te desvíes en tu objetivo; no desistas, no abandones tus sueños. Están ahí para que los agarrares, los retengas.

Hoy puede estar lloviendo y tormentoso; mañana el sol brillará otra vez; incluso más brillante que antes. El calor superará el aire frío.

27 de abril, 2010.

(Intuición del espíritu de mi hermana Helena.)

Paz, amor, hermana querida; siempre, cuando podemos nos acercamos; cualquier hora es buena para sentir a Dios y a sus mensajeros.

Bien hecho tú empeño en promover los libros; es importante. *(Creaba mi portal en internet.)* Tarde o temprano dará frutos. Tu vida es linda, productiva; tus libros (5) son realidades; no fantasías.

No más desengaños, tampoco desilusiones. Viste el resultado de la fe; los obstáculos se derrumban; las puertas se abren y las respuestas llegan; todo eso es obra de Dios y de cada uno, con su fe y su propósito; no es casualidad. Luz, paz y amor son los ingredientes de esa gran mezcla; o *"Shake"* que tanto te gusta; te invito a beber con nosotros.

1 de mayo, 2010.

(Intuición de espíritu desconocido.)

¿Que puedo esperar yo? Te preguntas; es muy lógico y normal especular; sin embargo nadie sabe lo que mañana traerá.

Estás haciendo tu mañana hoy; sí, sí, moldeando, trazando, y embelleciendo tu futuro a tu gusto. Es difícil creerlo; pero es muy cierto. Atiende tus pensamientos, tus sueños, las palabras y acciones; porque son tus pinceles y herramientas de esculpir, que ayudan a crear ese desconocido mañana. No es difícil; es fácil, es un reto diría yo; si te mantienes en armonía y en paz, centrándote en tus esperanzas, deseos y objetivos.

¿Son sabios deseos? ¿Son ellos cimentados; prácticos, positivos, y equilibrados; sin extremos? Tú eres el artista que puede responder a todo eso.

Sólo tú puedes dar los toques y tonos correctos al lienzo, o la arcilla de moldear tu vida. Qué sea tu paleta colorida, abundante; no uses colores oscuros; ni te quedes sin colores, a la mitad de tu inspiración. Encuentra matices y tonos exquisitos, correctos, y seguramente crearás una imagen hermosa.

2 de mayo, 2010.

(Intuición de espíritu desconocido)

Hermana Gilda, como todos los días, estamos listos para conversar. Sí, sí, comenzaste bien haciendo escritura automática; pero perdiste el ritmo; son cosas que suceden, que nos atoran o desvían. Dios es Generoso y Sabio, nos perdona a cada momento y a cada instante podemos comenzar de nuevo.

¿Qué estoy haciendo? Es una buena pregunta: merece una respuesta. Piensa; cuenta las muchas cosas en tu plato para hacer, ahora, y en el futuro. Es una lista muy larga. Preguntas: ¿Dónde debo iniciar? También es una buena pregunta; empieza desde el principio. ¿Qué es lo primero? Tú lo sabes bien; está en tu corazón. Amor es lo primero; el amor a Dios, a la familia, a la vida, al prójimo y amor al trabajo; todo eso está en la lista.

Averigua cual será el segundo paso. ¿Cómo? Piensa, comprende, y analiza tus necesidades; sólo tú las conoces. Habla con Dios; en una conversación íntima con Él. Te asignará sus mensajeros para tus necesidades especiales y tus súplicas; eso funciona, créanme que funciona; haz la prueba.

10 de mayo, 2010.

(Intuición de espíritu desconocido. Lago.)

Ya vez Gilda, que puedes escribir. Trata, trata y trata; las cosas suceden inesperadamente; pero hay que prepararse, y algunas veces prevenir, ser cauto.

Como dudar de Dios, y su justicia; Él está siempre en todo; mira las hojitas moviéndose; ellas piensan que están bailando y cantando; el cielo sonríe; todo el Universo agradece a Dios su bondad

Lo de ustedes; *(Mi hijo Tony, me sorprendió con su visita para el "Día de las Madres.")* fue un regalo de Dios. Quédate tranquilita; viene la cosecha. No más interrogantes.

23 de mayo, 2010.
(Intuición del espíritu de mi hermana Helena.)

Laberintos siempre hay en ese mundo; es parte del compromiso y de la evolución, pero se aprende a desatar los hilos y a ponerlos en orden. Si tienes abundante esperanza y fe; son fuerzas mayores, que impulsan acontecimientos positivos.

Todo este ejercicio *(Complicaciones)* ha servido de mucho progreso; no ha sido malo, ha sido bueno. Ahora hay más aprecio a cada cosa; desarrollando el arte de vivir, y no de existir. Cada cual aprende a su manera, a su velocidad; todos aprendemos; para eso vinimos, y no queremos repetir la lección. Gloria a Dios, gracias a todos.

8 de junio, 2010.
(Intuición de espíritu desconocido.)

Somos entidades espirituales universales; y por elección o por mandato divino, se nos ha enviado a este planeta para experimentar la vida humana; para aprender y crecer, en amor. Ya ilustrados finalmente alcanzaremos nuestra meta; Conciencia Universal, que es Dios. ¡Somos verdaderamente mucho más grandes, que lo que ustedes llaman vida!

Esperamos que estos mensajes inspiren a los humanos a reconocer su inmortalidad.

22 de junio, 2010.
(Intuición de espíritu desconocido.)

Escala la montaña más alta con alegría, y con una canción en tu corazón. Cántale a los árboles, a las aves, al cielo. Comparte tu inspiración y felicidad; es todo bueno. Asombro sentirás según te paseas, y tu ligereza te llevará lejos; todo esto ocurre cuando la mente no está atada a lo mundano. Ingrávida te sentirás; liviana, como una pluma, cantando con el viento; ni una nube en el cielo.

Dios sabe en dónde aterrizarás en tu ensoñación; pero tu corazón y tu alma estarán vivaces, jubilosos y serenos.

No hay ninguna magia, ni fórmula secreta en todo esto, sólo amor; es el amor que te conduce, según cumples en lo poco y en lo grande; en esta tu presente condición terrenal; y sigues a lo largo.

24 de junio, 2010.

(Intuición del espíritu de mi hermana Helena.)

Paz y amor hermana querida; luz, iluminación en tu camino para no tropezar; te cansaste de gatear; quieres caminar derechita, de pie, firme, erguida, bien dirigida; sabiendo hacia dónde vas. Sigue andando, limpiando, organizando tus cosas; el viaje añorado se acerca. Tendrás alas, hermana, alas.

Con luz y alegría la sombra se disipa; se ve el sol radiante en la lejanía. El camino se ve limpio de abrojos, sin piedras; no hay peligro de tropezar. Cada día se debe dar un paso más adelante; nunca para atrás, ni tampoco estacionarse; no hay más remedio, que seguir más allá, en el camino de Dios.

27 de agosto, 2010.

(Intuición de espíritu desconocido. Lago)

Paz y amor Gilda Mirós; luz siempre para todos. Somos amigos y amores de antaño; buscando paz; juntos evolucionando, estudiando, amando y asistiendo; porque todo está ligado, todo.

No hay piedras en tu camino, solo piedritas que tú esquivas; vendrán días felices hermana, puedes créelo. Días de armonía, risas y alegrías. Sí, sí, son flores del espacio, que te regalan los espíritus; bellas son.

Que bonito paisaje; ven aquí a menudo; te ayuda muchísimo. Todos de prisa y tú en calma, buscando a Dios. No te importe la hora, no existe; regocíjate. Tu madrecita está a tu lado con Helena y Alberto; te observan y te besan.

4 de septiembre, 2010.

(Intuición de espíritu desconocido.)

La paz abre la puerta a la inspiración, a la intuición; a veces si se pierde, puede recuperarse, cuando hay fe, y voluntad de buscarla.

Todos tenemos altibajos; es la evolución, la vida y las circunstancias; y tenemos externamente influencias que nos afectan, por ejemplo: entidades errantes que se acercan, o pensamientos negativos disparados por ellos a larga distancia. Es un bombardeo constante; somos receptores de todo esto, según nuestra sensibilidad; por eso debemos aprender a discernir y catalogar los pensamientos, para vivir en paz.

Es casi un arte; una disciplina estudiada; con los años se supone que mejoremos nuestro entendimiento y comportamiento relacionado con todo eso.

La salud se afecta por la conmoción invisible, que nos circunda y la resistencia física se debilita. Es necesario, crear un muro de defensas espirituales, mentales y emocionales; un ejército de autodefensa.

Al familiarizarte con lo que está ocurriendo y con tú fuerza espiritual; con tu disciplina, fe y esperanza te mantienes bien, en sintonía, eso es lo ideal, pero debido al proceso de envejecimiento, ese muro se debilita. La fuerza se descuida, se es más lento y deprimido, expuesto a todos los males y enfermedades. Esta opción es muy común, lamentablemente.

Nosotros debemos divulgar *"Difundir la palabra"* de que todo en la vida; todo, todo, está en nuestros pensamientos, y en nuestras manos y no en las manos de Dios. Él nos da el libre albedrío, y las herramientas; permitiendo a sus mensajeros que nos inspiren y nos ayuden; pero el trabajo es nuestro. Hagan de sus vidas una canción de amor, y de gratitud a Dios, con sus pensamientos y acciones.

El eco de la melodía universal calma, elevándonos; guiándonos a áreas nuevas y mejores. Todo eso depende de las ideas y los apacibles estados mentales en que nos encontramos. Comprendemos finalmente que existe una inmensa abundancia espiritual de prosperidad disponible y a nuestro alcance. En otras palabras; esa felicidad y confort no cuesta nada, sólo un poco de coraje y sacrificio para calmarnos; con un sincero deseo de recibirlo.

Los seres humanos son lentos para aprender, quieren las cosas fáciles; servido en bandeja de plata, y hasta así, no ven, o digieren; evaden factores positivos, hermosos; sobrevolando sus cabezas.

1 de octubre, 2010.

(Intuición de espíritu desconocido. Lago))

Vengo a traerte paz hermanita; así como este lago; mantén tu alma en armonía, no en agonía. Hay paz aquí; la naturaleza es fuente de inspiración; los sonidos son cánticos del amor de Dios.

No hay nada que temer, ni que buscar, las cosas convenientes vendrán a todos. Sí, sí, los pensamientos y la fe, son imanes que atraen los acontecimientos, los hechos en el diario vivir. Busca en tu alma la quietud, está ahí, en tus buenos sentimientos. Has podido ayudar a tus hijos; sobre todo al menor, hombre/niño; él te lo agradece muchísimo.

Tu hermana Helena está aquí, con Monserrate y Alberto. Soy un hermano más que ama y te sostiene.

2 de febrero, 2011.

(Intuición del espíritu de mi hermana Helena.)

Paz y amor hermana querida; abre tus ojos, verás cosas maravillosas ocurriendo. Son resultados de la fe activa; como lees en esos libros espiritas, así es; seguir creyendo, amando, y laborando sin cesar.

Tribulaciones siempre hay en ese mundo gris, pero el sol brilla y nos calienta; el sol es Dios, que nos abraza con la naturaleza; nos besa con la brisa, y nos da reposo en la noche; siempre sabio.

¡Hay que creer, no importa lo que venga! Creer en Dios, en la asistencia de los espíritus. Ayudemos con nuestros mensajes; aprenderán. Promueve tus libros; se moverán; el asunto es esparcir la semilla.

6 de abril, 2011.
(Intuición de espíritu desconocido.)

Las cosas van caminando a toda prisa, ya pronto lo verás. No son palabras, son hechos; compromisos tendrás, entrevistas y viajes se materializarán.

Tu liberación en parte, llegará; nunca es absoluta en tu mundo. Cosas bellas ocurrirán como producto de la fe, abnegación y perseverancia.

8 de abril, 2011.
(Intuición del espíritu de hijo desconocido.)

Madrecita mía, no me conoces, pero yo si a ti; fuimos madre e hijo, hace más de un siglo; fue en otra tierra muy lejana y cálida. Esos tiempos fueron lindos; risueños, de amor, paz y alegría; así era nuestro ambiente familiar, lindo, lindo.

Mi nombre no importa por ahora, ya lo sabrás, te lo prometo. Las huellas amorosas perduran para siempre; cuidos y caricias quedan impregnados en el espíritu.

Yo te contaré esta linda historia; a ti te gustan las historias; como actriz que eres. Compartimos con otro que vive contigo ahora, éramos familia. Nos buscamos de vida en vida. Es todo por hoy; seguiremos la historia, te amo,

9 de abril, 2011.
(Intuición del espíritu de hijo desconocido.)

Paz y amor, madre; jamás he visto tanta gloria como la que hay para el espíritu acá.

El mundo tuyo madre, es tan gris y triste; acá todo brilla y vibra, es realmente celestial. Ese sentimiento y experiencia quiero compartirla contigo, contagiarte; que vibres igualmente con el amor de Dios.

Al verlo todo amargo te entristece, y tus defensas espirituales se debilitan. No, no, eso no, tú tienes el antídoto; la fe, el amor, la caridad, y desde luego la esperanza. Hasta mañana, te amo.

12 de abril, 2011.

(Intuición del espíritu de hijo desconocido.)

Seguimos la historia tan anhelada por ti. Si, madrecita lo que pensaste es cierto; compartimos una existencia cuando tú eras *"Xavrina."*

Entonces mi tío era Nel, tu hermano ahora; que se llamaba *"Druahl." (En Memorias hay datos sobre mi pasada encarnación con mi actual hermano Nel. Fue en Turquía; una familia musical. Yo bailaba con mis dos hermanos. Una historia triste pero linda.)*

Yo también llegué a incorporarme al grupo de danzantes; desde niño bailaba, amaba la música y el baile. Era atractivo y fuerte; ágil como ustedes. La danza nos mantenía en óptimas condiciones.

Eran tiempos de gloria artística; tuvimos éxito y fama en nuestro ambiente muy local. Era difícil; las distancias eran largas. Seguiremos la historia mañana. Te amo madre.

13 de abril, 2011.

(Intuición del espíritu de hijo desconocido.)

Madrecita; inmenso amor y alegría existe entre todos. Es penoso ver seres que se arrastran con las cadenas del cuerpo; son prisioneros de malas costumbres. Dios nos da la libertad de acción, es un regalo muy especial; la libertad para pensar y actuar.

Atados por circunstancias; nos rebelamos, es natural; por eso las rabietas tuyas, son *"Mood Swings."*

Debemos comprender que nos aflige, controlando lo que entorpece nuestra evolución, sin detenernos en nuestra marcha ascendente.

Eso te sucede a ti. ¡Quisieras ser libre! Lo eres; ayer llegó el respaldo necesario, dándote libertad de acción. Gracias Padre y espíritus de luz; ha sido una enorme obra de todos; hemos asistido a cargar una piedra grande. Ahora tus hijos te apoyarán con el empujón que necesitabas para continuar tus obras.

Dios es Sabio, Misericordioso; gracias a Él, y a los espíritus que ponen de su parte, con oraciones, su energía y propósitos, asistiendo a sus hermanos encadenados. Que tus pasos sean firmes, positivos; la tarea apenas comienza; espera bienandanzas, te amo.

14 de abril, 2011.

(Intuición del espíritu de hijo desconocido.)

Paz, paz, madre. ¿Como decirte la verdad? Nada es fácil en esa vida, tú lo sabes; dando tumbos caemos, nos levantamos, y seguimos. ¡Así es! No hay más que decir; por eso no nos podemos quedar atrás, no; porque hay metas y compromisos que cumplir. Desarrollamos robustez espiritual, lidiando con hechos; tomamos bríos y ánimo para continuar; eso es todo, hasta que llegue el día anhelado.

Caminos anchos hay y habrán; anchos, amplios y limpios, con rosales que nos besan las manos. Es todo un sube y baja de emociones, pero crea en nosotros claridad de pensamiento, determinación y propósitos; ese es el compromiso. Te amo madre.

15 de abril, 2011.

(Intuición del espíritu de hijo desconocido.)

Un perdón para los ignorantes, los indiferentes, ellos aprenderán; aunque hay tanto tiempo perdido. No hacen ni deshacen, están ahí. En la vida hay que laborar, para eso vinimos; es un compromiso con Dios.

Con nosotros mismos; es mostrar agradecimiento con acciones; son nuestras obras. Nunca es tarde para aprender, enmendando; es cuestión de la voluntad de hacer. A Dios, gracias, por darnos otra oportunidad.

Paz, luz, amor, progreso; todo lo esencial para evolucionar, para ser feliz. Billones de personas existen sin la brújula de la fe. ¡Cuanta dicha tener fe! Esperando lo bueno, lo positivo, sabiendo que viene la abundancia, sino material, espiritual; esa es la fe. Te amo madre. Habrá tiempo para hablar y escribir.

17 de abril, 2011.

(Intuición de espíritu desconocido.)

Gilda querida; sí, es la fe que te impulsa. ¿Que mejor generador hay, que suministre fuerza corporal y espiritual? Cada día es más fuerte; nunca le falta impulso. Mantén tu mente, tu receptor, abierto y bien puesto, para recibir mensajes y misiones.

Habrá más y muchas invitaciones para que hables de la fe, del amor, la disciplina y propósitos en la vida. Eres un ejemplo y los buenos ejemplos se muestran porque motivan; inspiran a otros. Eres una embajadora; una corresponsal nuestra.

Amor, palabra clave para todo y en todo. Es el elixir de nuestras vidas; aquí y allá. Amor para ti, hermana y madrecita. Júbilo por las cosas que vendrán; lindas, positivas, maravillosas, para ti, los tuyos y para la humanidad.

21 de abril, 2011.

(Intuición del espíritu de mi hermana Helena.)

Paz y amor hermana querida; presientes lo buenísimo que viene. Anota; proyectos inesperados en comunicaciones se presentarán, como dijo tu hermano; no puedo decirte en que forma, pero vienen; es parte del proyecto de Dios, de divulgación, como tú lo pides.

(Helena le pidió a Dios ser instrumento de su amor y paz; yo pedía lo mismo.)

Tú servirás de instrumento para llevar mensajes al mundo. Tenemos dones que utilizar, misiones que cumplir. El plan comenzará pequeño, pero crecerá, con el éxito esperado, sé logrará. Tienes el mejor productor, director y promotor: Dios.

Tranquilita, no puedes perder ni un ápice de paz, la necesitas para tus obras, la paz es esencial para la creatividad; entran las ideas, fluyen, en la calma; sigue tus inspiraciones, déjate llevar.

I de mayo, 2011.

(Intuición de espíritu desconocido.)

Paz, Padre paz, para el mundo que gime, que llora retorciéndose. Amor, progreso, asistencia para las almas que piden ayuda; que se han quedado sin nada, sin nada. *(Terremotos, tormentas.)*

Ángeles, espíritus de luz, asistan; ayudándoles con fuerzas y energía. Inspirándoles ideas positivas, constructivas; de cómo resolver, de cómo mejorar sus situaciones. Las buenas ideas son regalos de Dios, son semillas sanas que pueden germinar y dar buenas frutas; como has visto.

Hoy queremos Glorificar una vez más a Dios, Omnipotente y Generoso. Es tanto el amor que nos da; sabemos que Su Mano Poderosa nos cuida, nos protege, ofreciendo regalos; un banquete repleto de bienandanzas; observamos su bondad, y cada día nos sorprende. Gracias Padre.

Vengo a traer paz y armonía para todos. Traigo afán por hacer, y deseo contagiarte Gilda, aunque tú estás repleta de afanes; pero podemos obrar juntos. Enmendar situaciones con el amor y empeño; creando puentes de amistad, fraternidad; con una comunicación clara y amplia. Así es como se crece, como se evoluciona, y se cumple con el Creador Misericordioso, Inmenso; el Universo.

Aprendamos a verlo como es; claro, puro, toda iluminación perenne; amor eterno. Hermana, sigue tu misión; pronto se abrirán puertas, ventanas también. Entrarás con tus maletas llenas de libros; escritos benditos; para repartir.

Monserrate es una extraordinaria médium; ella volverá a este planeta con facultades mayores para servir a otros y ustedes volverán con ella en una misión venerable. Tu hermana Helena ha avanzado; está en un nivel más alto, pero no los abandonará. Los cuida, amándolos como ahora, asistiendo desde ese nivel; Gracias Padre por tanta dicha.

13 de mayo, 2011.

(Intuición de espíritu desconocido.)

Amor, paciencia, iluminación, perseverancia y paz, prudencia en todas las acciones; elementos esenciales en la evolución del espíritu. Misión cumplida o incumplida; con el deseo de dar, amar y compartir ese amor con nuestros hermanos; es un éxtasis espiritual por el amor compartido. Alabado sea Dios; poseemos tanto, pues nos tenemos unos a otros; amándonos eternamente. Que bella es la fe; definitivamente que salva.

Hermana, comprende bien la vida y tu misión; tan compleja no es; más bien sencilla. Es prodigar y alabar a Dios y su presencia en nuestras vidas a través de los seres espirituales, decirle al mundo: Dios los ama, si, repite, Dios nos ama; palabras más sabias no las hay.

Ideas e inspiraciones divinas tendrás y aparecerán oportunidades para obrar en nombre de Dios.

17 de mayo, 2011.

(Intuición del espíritu de mi hermana Helena. Lago.)

Paz y amor hermanita, siempre eres la misma niñita preguntona, ingenua y buena. Dios te bendice por tu pureza de espíritu noble, y por tu deseo de cumplir. *"No matter what."*

Dichosa tú que te detienes, miras, aprecias y disfrutas la cara de Dios que es la belleza de la naturaleza; se puede escucha el silencio.

Me agrada verte tranquilita, recobrando tu paz; sigue serena con tus obras; son unas cuantas, y lindas como tu espíritu. Estamos abrazándote, fortaleciéndote con esperanzas; son hechos reales y positivos.

Cultiva tu intuición; hermanos de luz, van y vienen con inspiraciones. Lograrás lo que buscas; tu momento llegará y será triunfal; bellos sentimientos y emociones lindas, de un rencuentro deseado con familiares y amigos, esperándote.

1 de junio, 2011.

(Intuición del espíritu de mi hermana Helena.)

La madurez del espíritu es tan importante para lidiar con las situaciones de la encarnación; muchos carecen de ese atributo. Caminos ondulados siempre hay, pero también hay avenidas anchas, bellas. Hay ideas para cultivar; obras que terminar, caminos que desandar; todo con Dios.

17 de junio, 2011.

(Intuición del espíritu de mí amado Alberto)

Te traigo un girasol Malena; ese es mi regalo. Hay cosas sencillas y lindas en la vida; solamente con mirar, observar, apreciar y ejecutar. Debemos detenernos; recobrando los bríos perdidos en la lucha por vivir.

Sigue tus intuiciones e inspiraciones, crea; el arte es y siempre ha sido, muy importante para ti, en muchas vidas. El arte es un calmante; es el mejor antídoto para el estrés; la mente se enfoca en lo positivo. El espíritu alcanza un elemento superior, y adquiere fluidos benéficos Crear reanima, dándonos impulso; es un bálsamo.

Gracias a Dios que sigues tus ideas. El espíritu creativo es feliz y triste a veces, debido a su gran sensibilidad; siente profundamente, con momentos de éxtasis, que comparte con el mundo.

18 de junio, 2011.

(Intuición del espíritu de mi hermana Helena.)

Paz y amor hermana querida. Sí, tus libros son producto de la fe, de la persistencia, devoción, e inspiraciones bellas que recibes; mensajes sabios y sólidos de seres amorosos que desean iluminar al mundo, compartiendo su amor y sus enseñanzas.

El mundo está completamente desquiciado con amor al dinero, a lo material; es una enfermedad contagiosa, tocando hasta a los niños.

Los seres humanos tienen que controlar sus impulsos y sus caprichos. Cada uno debe hacer todo lo posible por controlarse y corregirse. Son tantas emociones; es un remolino de sentimientos; buenos, malos, indiferentes.

Esa ha sido tu vida, con más positivo que negativo; nada de maldad; ignorancia, tropiezos e inseguridades personales, y profesionales. Hoy te digo que mañana habrá otro comienzo, más activo y positivo, nuevo; así será hasta que te vayas de ese mundo mezquino y miope.

Dios siempre tiene en el tintero algo para ti; porque te lo haz ganado. Hay bastante por hacer; tenemos que continuar; habrá paz, salud y todo lo necesario para ejecutar. Los mensajes seguirán llegando; son distintas entidades colaborando. Lo negativo pasará; solo el amor, y Dios quedan.

22 de junio, 2011.

(Intuición de espíritu amigo, músico.)

Gilda, traigo para ti amor de Dios y de los seres espirituales. ¡Alegría! Carcajadas gloriosas; amplias, de rejuvenecimiento espiritual. Nada de lágrimas, los momentos o minutos tristes, de discordia se disipan rapidito; olvídalos.

Recuerda alegrías, satisfacciones y regocijos del buen sentir, del buen vivir; cumpliendo con el deber.

Haz comunicado mucho bien, sí, hiciste caridad a través de los años, con tus palabras; sigue en lo tuyo. Se abren vías, canales y frecuencias; triunfas de nuevo.

5 de julio, 2011.

(Intuición de espíritu desconocido).

¡Debemos celebrar la vida! Vamos a conquistar temores y descontentos, sabiendo que cosas valiosas llegarán; que estamos conscientes del amor de Dios y su Benevolencia.

Sí, la vida terrenal es un enigma; hay tantas sorpresas y preguntas sin respuestas, pero con certeza sabemos que la luz deslumbra la oscuridad. Nos preguntamos constantemente: ¿Qué será? ¿Quién sabe? Dios lo sabe; las posibilidades son muchas y depende principalmente de nosotros.

¡Él es el máximo de los grandes! Nos ama a todos nosotros, pase lo que pase. Demos las gracias por los dones que nos animan, elevando nuestros espíritus por encima de nuestras miserias. No todo está perdido; no nunca; siempre hay un camino, siempre encontramos una ruta de acceso.

Iluminado es mi nombre; iluminado soy yo; permíteme iluminarte a ti también, para que puedas seguir el camino recto, el camino de la luz.

Tienes compasión, por eso tu tremenda paciencia. La misericordia y la paciencia son hermosas, buenas para el espíritu; la vía para el progreso. Las intenciones son tan importantes como las acciones. No cabe duda que hay vigor universal dentro de ti. Nada llega a su fin; es todo reciclaje de materia.

9 de julio, 2011.

(Intuición de espíritu desconocido.)

La atracción entre espíritus desencarnados y encarnados influye muchísimo en nuestra evolución.

Nuestros pensamientos son imanes que atraen lo positivo o lo negativo. La mente recoge frecuencias y mientras más fuerte la mente del receptor o emisor, mejor, por bien o mal; por eso hay que mantenerse en calma, porque la calma neutraliza los pensamientos o las señales. Hay que pensar positivo, con amor hacia todo y para todos. Sin discordias ni rencillas; ni las más pequeñas.

Las contradicciones estorban las buenas ondas y atraen todas las frecuencias negativas, es tan simple como eso. Hay que adiestrarse a pensar positivo; tendemos a caer en malos hábitos, adquiridos desde la niñez; por lo que vimos en los otros, y de adultos, seguimos con esos patrones de mala conducta impregnadas en nuestro ser.

Con frecuencia y sin querer, hacemos sufrir a nuestros seres queridos por nuestra agresividad. Luego viene el remordimiento por haber lastimado a otro, sin querer. Hay que tratar de erradicar esas malas costumbres cuanto antes, en niños, adultos y en ancianos. Todo se puede cuando hay voluntad.

Seres desencarnados ignorantes, se complacen al encontrar humanos afines, para manipularlos; los utilizan para su entretenimiento sin que el encarnado tenga idea de lo que está sucediendo. Por eso hay que tirar la ira, la discordia, el vicio, el exceso, y el odio, para cerrarles las puertas a los usurpadores de energía. Hay que sembrar amor, paz; cuida tu jardín florido; dará flores bellas.

10 de julio, 2011.

(Intuición de espíritu desconocido.)

¡Basta de tonterías! La vida terrenal es una cosa seria, muy seria. El permiso para encarnar no se da fácilmente, y en las condiciones que deseamos; con nuestros seres amados de otras vidas, y de siempre, es más difícil aún. Todo hay que combinarlo y solicitarlo.

Cuando se logra, es una bendición, un regalote de Dios. No, no se puede, ni debemos desestimar la vida, ni el valor de la encarnación. Es una oportunidad para crecer, hacer la caridad; puede ser un paso gigantesco para el espíritu, de acuerdo con los conocimientos logrados.

Los seres perezosos que pierden, o echan a perder una vida; más tarde lo comprenden y lloran, y sufren su ignorancia. Debemos mantener el alma en vela; alerta a nuestros pensamientos, intenciones, nuestras acciones. Debemos preguntarnos: ¿Puedo hacerlo mejor? ¿Estoy cumpliendo con mi misión?

Sigamos aprendiendo, sirviendo y agradeciendo a ese Padre que perdona; obsequia otra oportunidad para restablecernos. Pidamos Iluminación, luz, para ver bien el camino.

14 de julio, 2011.

(Intuición de espíritu desconocido.)

Ama, se firme, mantente muy firme, fija en tu conducta amorosa; no indecisa, ni tímida. ¡Atrévete soñar! ¡Hacer! Alcanzando lo desconocido, lo bueno desconocido. ¡Está ahí! ¡Intenta alcanzarlo! Busca lo mejor, sin arrogancia; dando lo mejor de ti. Vendrán sorpresas de lugares insospechados.

18 de julio, 2011.

(Intuición del espíritu de mi madre Monserrate. Lago)

Cuanta belleza natural en pequeña escala aquí; porque hay grandes, grandiosos panoramas, y todo es Dios. Sentir paz y serenidad es un premio; lograrlo en medio de tanto tumulto es una bendición; pero con el deseo, y la búsqueda se encuentra.

Hijita, recuerda que la voluntad de hacer es poder. Tus libros, *(Memorias en Inglés/Español)* contienen grandes enseñanzas con tanto y tanto amor en sus páginas; es un testamento amoroso de fe y caridad.

Es compartiendo amor con la humanidad. Divino y amado Dios, gracias.

7 de agosto, 2011.

(Intuición de espíritu desconocido).

¡Qué día! ¡Qué vida! Turbulenta por lo menos; pero has aprendido mucho, sí, sí. Haz enmendado muchos de tus modos de ser, haz corregido faltas; aunque todavía tienes más.

¿Qué es lo que se debe hacer; lo correcto? ¿Quién sabe? Eso todo depende de nosotros. Sigue viviendo y lidiando, con tus compromisos; rezando y esperando algo mejor; pero no desistas; no, no. Mantente en tu trayecto; en tu corazón sabes, que todo está bien con tu alma. Es un alma saludable con una buena actitud. La vida no te ha derribado, no ha roto tu espíritu; así que lo mejor está por venir, podría ser; ¿Por qué no?

12 de agosto, 2011.

(Intuición de espíritu desconocido; estaba eufórico.)

¡Dios mío! ¡Gracias! ¡Oh! Dios mío, te queremos mucho; damos gracias. Repetimos con frecuencia: *"No todo está perdido."* ¡Con razón!

Existe la esperanza siempre, en todos los asuntos y en las cosas; se ha demostrado una, y otra vez. ¡Tú lo ves y lo vives con frecuencia, hermana! Ocurre lo inesperado, cambia la situación, mejora; el Creador es Misericordioso, Comprensivo; tolerando nuestros actos malvados o ignorantes.

¡El tiempo vuela! ¡Es que no existe! A veces parece que no se mueve. No; está pasando rapidito. No titubees, mantente enfocada. ¡Haz tu pequeño libro! ¡La inspiración vendrá!

23 de agosto, 2011.

(Intuición del espíritu de mi hermana Helena.)

Paz y amor hermana querida; Dios lo es todo, todo, no olvides eso. Luz en el alma, en la mente, para todos.

Como siempre el amor nos une; nos mantiene abrazados en una iluminación eterna; con alegría, paz, y solidaridad; hoy mañana y siempre.

Lo que me pides, se dará, con el permiso de Dios. *(Pedí seguir la escritura automática.)* Estamos prestos para seguir laborando contigo.

Tienes tantas bienandanzas, más de las que tú sabes; estás en un momento de transición; con buenos cambios ocurriendo, mejorando tus circunstancias. Los seres te inspiran; sigue colaborando con ellos; las ideas son semillitas que siembras y florecerán.

Termina el librito, es importante; viajará más lejos que los otros; habrá gratas sorpresas y un cambio de rutina se avecina. Para todos, serenidad, paz, amor, y armonía con estabilidad espiritual; todos elementos esenciales para ser feliz.

24 de agosto, 2011.

(Intuición del espíritu de mí amado Alberto.)

Malena querida, que bien que estás alerta y entusiasmada con los escritos. Lo lograremos, si, si, como afirma Helena. La disciplina te ha ayudado muchísimo. Todo se resuelve con fe, calma, paciencia; ya verás. Sigue tu meta, poco a poco, insiste. Tienes un organismo *(Cuerpo)* de roca; es tu fe y tu mente operando sobre una materia; fortalecida por leche materna. Tu madrecita te dio tantas bienandanzas; ella te cuidó y te nutrió bien.

(Recordé un bello mensaje de Alberto; 2008.)

Dios es Bondadoso, Misericordioso; nos permite tonterías; sabe que cuando lo deseamos, podemos enmendar nuestras vidas y encontrar el camino que nos corresponde.

Eventualmente el espíritu se cansa de sufrir, y busca la paz; quiere elevarse y volar. En ese momento extiende sus **Alas Místicas** y asciende; es un momento cumbre.

Todos podemos lograrlo; tenemos la capacidad para ascender; basta con desearlo, motivarnos; todo depende de nosotros. Los espíritus de luz se alegran al vernos hacer un esfuerzo. Cuando despierta la buena intención, es una llamada al Universo, a Dios; pidiendo asistencia; llega, no falla.

25 de agosto, 2011.

(Intuición de espíritu desconocido. Lago.)

Como me gusta aquí; el sonido de la naturaleza me embriaga; me calma, relaja; haciéndome soñar.

Dios nos resguarda; enviando mensajeros para protegernos; es así, hay que creerlo; es muy cierto.

Nada de temores, ni dudas; lo que conviene viene. Haz visto con tus propios ojos, las maravillas de Dios; como los asuntos se arreglan, se resuelven, ocurre inesperadamente; así es todo cuando tu mente se enfoca, y se entrega a Dios; trabajan en conjunto.

(Plegarias contestadas; asuntos solucionaban rapidito.)

26 de agosto, 2011.

(Intuición del espíritu de Gustavo.)

Para sorpresa mía, recibí una bella intuición relacionadas con mi madre y su gran amor. Es una bellísima historia de amor; otra vida de Monserrate que ella recordaba y atesoraba; la incluí en mi libro: *(Memorias)* es preciosa.

El día de su desencarnacion, mi madre vio en su recamara, al gran amor de esa vida pasada en Francia; su nombre era Gustavo; era poeta. Él la perdió joven; ella entonces, murió de parto, junto con sus gemelos.

Recibí un mensaje; lo leí rapidito, y lo coloqué con otras páginas. No noté la firma en el papel, ni recordaba haber escrito estas líneas, hasta que releí mis notas. Era una gran sorpresa que Dios nos tenía reservada; porque yo siempre preguntaba si todavía ellos estaban juntos.

Hasta que mi madrecita me comunicó que Gustavo estaba contento, porque yo había incluido su historia de amor en mi libro.

Lo siguiente fue escritura automática: *"Te tengo un verso; escribe."*

"Un lindo día yo fui a visitarla. Ella era una rosa entre las rosas; lozana, esbelta y gozosa. Yo la miraba, aún sin creer mi buena fortuna. Era dichoso sabiendo que la amaba, y que ella me correspondía.
Son cosas bellas de la vida, que ocurren de vez en cuando. Pocos la saborean en la vida terrenal; son cosas del espíritu; encuentros predestinados.

Yo supe cuando la vi por vez primera, que era una luciérnaga para mi; luz, sol, luna y divina azucena. Hoy estamos juntos para que veas.

Dios es Sabio, Generoso, y Justo; nos lo tenía reservado. Yo con ella, te besamos, te abrazamos y alabamos. Somos seres agradecidos; disfrutando del amor; eterno, puro, y tan deseado."

Gustavo

29 de agosto, 2011.

(Intuición de espíritu desconocido.)

Desarrollamos fuerzas cuando tropezamos en la densidad del mundo. Tropezar, caer, y levantarnos constantemente; salvados por la piel de nuestros dientes; pero Dios siempre está allí; asistiéndonos, a través de hermanos y hermanas espirituales. Debemos aprender la lección; no engañarnos al pensar que podemos posponerlo; no es cierto; nunca.

Sigue la trayectoria de la vida, buenamente, feliz; cumpliendo, logrando y agradeciendo, sin quejarte; lo que debe ser, será. Obviamente no vemos el final del camino, y es mejor así. Toma cada vuelta, cerro u hondonada a tu paso, saltando sobre los pedruscos, o lánzalos a un lado; pero adelantar debes.

¡Sin parar! Sí tomar pausas, ¡Detenerte no! El día llegará cuando la ruta se vuelve más linda, más limpia, amplia, más corta y más fácil. Verás y conocerás; regocijándote amorosamente, celebrando la vida, la evolución, el progreso y el avance.

3 de septiembre, 2011.

(Intuición de espíritu desconocido.)

En nombre de Dios Todopoderoso; sí, tengo un mensaje; muchos mensajes para compartir con el mundo dolorido.

Escucha bien, es una gran obra; es un conjunto de millones de mentes unidas, creando un cuadro enorme; todos son pintores, con pinceles de múltiples colores, aplicados al lienzo; cada uno pone su toque, su matiz; unos más que otros, con más o menos amor. Así se va formando una aureolo; una gran capa multi-energética, que cubre el planeta; es como colocándole un forro transparente, pero real.

Esta cubierta le causa al ambiente densidad o liviandad; depende de los pensamientos y acciones de cada uno; o sea que los colores de los pintores del mundo se convierten en energía. Cada ser humano aportando a ese inmenso lienzo gaseoso, etéreo, que oscila. Esas energías que fluctúan; son producto de las emociones, pensamientos y de las acciones de los habitantes del planeta. Los espíritus, presenciamos todo eso; ¡Es espectacular!

Además es preocupante porque vemos grandes manchas de colores oscuros, grises, e indescifrables que se aplican. Esa mezcla o remolino de colores y pasiones afecta a la tierra y sus habitantes.

La masa vibrante y rotativa, recibe los impactos del odio o indiferencia, que los seres humanos reunidos allí destilen; por eso se producen levantamientos o fenómenos naturales.

Si los seres humanos no modifican sus hábitos; erradicando el odio y las pasiones negativas, este ambiente hostil y denso, seguirá agitando las capas de la tierra una y otra vez.

Nuestro propósito es ayudar, aliviar, guiar y asistir, a nuestros hermanos; por lo tanto, les hacemos un llamamiento a reflexionar y moderarse, para que la bandera blanca del amor, finalmente indique que los seres humanos tienen un nuevo propósito que es, solamente amarse.

5 de septiembre, 2011.

(Intuición de espíritu desconocido)

Prueba, seguiremos intentando la escritura; esa es la fórmula para alcanzar objetivos. Perseverancia, fe, trabajo y amor; parece tan simple y sin embargo tan difícil de lograr. Hay muchísimos distraídos, entretenidos o simplemente perezosos y no desean ser perturbado o incomodados. Consejos, lecciones, los sermones los aburren. *¿Para qué?* Preguntan y repiten: *"¿Que bien hace?" "Ninguno."*

Sin embargo se pueden corregir sus malos hábitos. Si estas almas permiten que fluyan nuevas ideas; concibiendo nuevas metas, los pensamientos positivos surgen con inesperadas posibilidades; comienzan a sentirse ahora, completos, sin vacíos; la carencia se ha ido; por lo tanto su mundo, como ven y sienten, cambia para lo mejor, porque cambiaron sus pensamientos. Es una reprogramación positiva.

Estaban esperanzados, deseosos de alcanzar lo aparentemente inalcanzable, pero ahora la vida se hace soportable en la tierra, sabiendo que todo está ahí disponible para ellos, con sus nuevos pensamientos.

Que la fuerza creativa te rodee y te estreche en puro amor y luz. ¡Oh! mi Creador, agradecemos ahora y siempre. Hermanos y hermanas miren a su alrededor; la naturaleza tiene un efecto calmante es un bálsamo, que tranquiliza el alma y el cuerpo. Esos músculos tensos, estresados, se relajan, la mente se ensancha y pensamientos de momentos gozosos entran a prisa; buenos pensamientos, invadiendo tu mente y tu alma.

Gilda, eres un ser independiente y tenaz, atrapada en una rutina y eso te entristece. Ten en cuenta que es un dar y recibir en la vida terrenal, un intercambio; al saber aceptarlo con amor, puede ser soportable e incluso en determinados momentos hasta agradable.

Sólo Dios es perfecto; todas las circunstancias y situaciones en la tierra son imperfectas, pero aún es posible superar los obstáculos, haciendo todo lo mejor que podamos.

Ahora estás viviendo un momento maravilloso de inspiración y comunicación, por estar disponible. Estás recibiendo porque estás en paz, en un lugar adecuado para lograrlo. Los primeros pasos son siempre lentos e inestables al principio, obtendrás bastante éxito más adelante.

6 de septiembre, 2011.
(Intuición de espíritu desconocido).

El mejor antídoto para la depresión es la fe; la fe es hermosa; levantándonos de profundos precipicios, la fe salva. Problemas siempre tendrás en ese mundo, pero son olas que uno aprende a montar; son trastornos que se desvanecen en la oscuridad.

Precisamente por tus deseos una luz brillante estará ahí siempre para ti; creada por el amor, la fe, la liviandad, la paz y tranquilidad. No estamos seguros adónde vamos, pero es un puerto seguro; tú lo sabes.

Es maravilloso poder tener esperanza y esperar. Continuar con buena voluntad, mientras haces las tareas con gusto y con piedad; sabiendo que todo es causa y efecto. Continuar por el camino con optimismo; llevando semillas para sembrar y para más, mas, tarde, alimentar a otros.

9 de septiembre, 2011.
(Intuición de espíritu desconocido.)

Déjame contarte una corta historia; es bonita y tiene una lección. Hace muchos años en una ciudad del norte, vivía un gran escritor; muy profesional y exitoso.

El joven conocía la obra espirita, la estudiaba; tenia mucha fe, pero esta buena persona a veces era perezoso, descuidaba su alimentación y tenia un problema con el alcohol.

Se debilitó tanto que tuvo que dejar su empleo; su mente comenzó a fallarle por la situación deprimente que enfrentaba. Sin quererlo y por su fragilidad y alcoholismo, se convirtió en una victima para las entidades invisibles descarriadas, que lo atormentaban con pesadillas nocturnas. Diagnosticado como bi-polar; los calmantes ayudaban, pero alucinaba y su situación empeoro.

El hombre sufría, pero su fe era su bastón. En su desesperación, haciendo un tremendo esfuerzo físico, comenzó sus oraciones diarias; pidiendo ayuda a los espíritus, en particular al espíritu de su madre.

Cosa maravillosa ocurrió; en un sueño, su madre le decía que se alegraba que él orara y que ya lo estaban ayudando, pero que no dejara de pedirle asistencia a Dios, haciendo sus oraciones de protección.

El escritor dejó el alcohol, continuando con sus oraciones con gran disciplina; las visitas nocturnas de los espíritus inescrupulosos que lo acechaban cesaron, y las pesadillas eran menos frecuentes.

Confesándole todo a sus medico, que por suerte también era creyente. El galeno lo ayudó retirando el médicamente fuerte, remplazándolo con algo suave para su desequilibrio. El joven recobraba sus fuerzas, volviendo a trabajar por fin, pero sin dejar sus plegarias.

Una noche se le apareció su madre en sueño, diciéndole; *"Hijo mío tu fe te ha salvado. Tu amor a Dios, tu disciplina y tu devoción te han rescatado."* Así fue; sané, sí, sané; gracias a Dios, mi hermana.

10 de septiembre, 2011.

(Intuición de espíritu desconocido.)

Se supone, que uno sólo conoce lo que puede ver, pero hay mucho más allá del horizonte. Lo aparente indefinido no es tan impreciso; está allí tan claro como el día; para que todos vean y aprendan.

Hay muchos miopes; almas infelices, rozándose y empujándose unos a otros, es una ciega estampida; nunca haciendo una pausa para darle un vistazo a la vida y a su realidad. No es tan difícil detenerse, mirar y escuchar atentamente.

Las respuestas están ahí cuando nos enfocamos; la imagen se vuelve más clara con la nueva luz que interrumpe la ensoñación. Es sólo una cuestión de la voluntad de querer hacerlo.

Recuerda lo que dijo Helena: el que busca por necesidad; encuentra por recompensa; la bondad nos rodea, solo hay que expandir nuestras almas y tocarla. El alma necesita elevarse, no reducirse.

Cada cual construye estructuras, o moldes de sus vidas, con pensamientos y con decisiones a cada instante, también con acciones; esperamos que para el bien, no para el mal. Podemos hacernos felices, livianos y alegre, si así lo deseamos.

El deber cumplido es algo muy significativo; lo mismo acá que allá. Paz, amor, quietud, estabilidad espiritual son todas cosas esenciales pare el buen vivir. Compasión y paciencia son preciosas y beneficiosas para el espíritu; son la base para el avance y el progreso. Nada termina en el Universo, se trata sólo de transformación.

11 de septiembre, 2011.
(Intuición de espíritu desconocido.)

Ámame Padre, ámame; tú querida madrecita, Monserrate siempre decía así, y yo lo repito: ámame Padre, ámame. La luz del Creador nos alumbra en las tinieblas; iluminando el camino que conduce a otra luz mayor. Dios nos favorece aún en los asuntos negativos y en los menos negativos, porque todo se convierte en positivo con el amor de Dios; luego viene la ayuda, porque viene, hoy mañana y siempre.

Hoy pedimos en especial por las almas que lloran atadas a sus recuerdos tristes. Que puedan dejar atrás malos recuerdos; olvidando el cuadro desagradable, desprendiéndose del dolor físico; ya no hay dolor, solo júbilo de Dios. Te amamos, hormiguita trabajadora. Es muy bella nuestra obra. ¡Adelante!

13 de septiembre, 2011.
(Intuición de espíritu desconocido.)

Déjame decirte buena hermana que tienes una gran deuda con Dios, porque has recibido muchas, muchísimas, bendiciones en esta encarnación.

Es cierto que hoy tienes pequeñas penas, también frustraciones porque vives en una rutina forzada; pero tu vida tiene y ha tenido muchos matices; colores lindos y alegres y has disfrutado de tus obras; todos son regalos de Dios, y siguen; este es otro, el contacto con nosotros es definitivamente una bendición. Hay una razón poderosa en todo esto, una misión; tuya y nuestra, consolidada en un mismo empeño; la caridad.

Por el amor que nos une a todos, no hay un solo acto accidental, o por casualidad. ¡No! Recibirás comunicaciones poderosas. El libro síguelo con gran cuidado, revísalo bien; pero publícalo. ¡Que no se te salga la pelota de las manos!

16 de septiembre, 2011.
(Intuición de espíritu desconocido.)

Luz y progreso; Gildita querida, ¡aquí estoy yo! Bello es el amor compartido, pero más lindo es entre muchos seres en buscan del bien para hacer la caridad.

Así somos; así es nuestra familia de espíritus; raíces fuertes añejas, multicolores; en crecimiento, constante crecimiento, sin detenernos. ¿Para qué? Pausas si, selectas, para tomar más bríos; eso es todo lo necesario. No habrá nada feo en tu camino, hermana, las brechas se convierten en avenidas.

Muchos piensan en ti; te ven como una vieja amiga; dejaste una impresión amorosa en ellos; es una estampa fija en sus almas. Dichosa tú, pocos lo logran.

17 de septiembre, 2011.
(Intuición de espíritu desconocido.)

En nombre de Dios Todopoderoso; debemos comprender los mecanismos del espíritu; es complejo si, pero también es sencillo.

¿Como? Te diré: repasemos por partes. Primero, el espíritu recién creado es similar a un feto; es un organismo etéreo, compuesto de energía pura y substancial pero, con impulsos espontáneos y una conciencia adormecida. Despertando gradualmente, toma la iniciativa dé sus acciones, y poco a poco desarrolla su yo, su conciencia, su individualidad o personalidad como se acostumbra llamarla.

Esa conciencia o individualidad es eterna, no muere jamás. Toma distintos nombres en múltiples encarnaciones pero, es el mismo ser en evolución floreciente; progresando, se supone.

Algunos son más lentos y se quedan rezagados, o se pierden por el camino, hasta que desean encontrar la luz. Todo esto ocurre en un tiempo indeterminado, pero larguísimo usualmente, aunque en el mundo astral no se mide el tiempo como en la Tierra; medimos las cosas por el progreso logrado.

La segunda parte, son circunstancias, el ambiente, y seres allegados. El espíritu en sus inicios, presiente una Inteligencia Suprema, e instintivamente quiere adelantar, progresar, ser feliz, encontrar su destino; llegar a ser parte de esa Fuerza Universal Creadora, que es Dios.

Comienza su peregrinaje en múltiples terrenos, y otra vez por instinto, comprende que le afecta lo que le rodea; impactándolo, influyendo, apoyándolo.

Sabe que tiene opciones; ascender o mantenerse estacionado en la ignorancia. Reconoce que tiene que desarrollar sus recursos naturales, para escapar del laberinto y levantar vuelo; poder mejorar su condición espiritual; no es fácil; ahí está el reto.

El espíritu en desarrollo aprende que venciendo los obstáculos, levantando las piedras del camino, y buscando la luz, se logra el crecimiento espiritual.

En sus primeras encarnaciones se encuentra con seres que lo ayudan o lo hunden. El libre albedrío toma mayor importancia; ya no es una victima de nadie, convirtiéndose en su propio juez y jurado. Sabemos que las leyes universales de causa y efecto están presentes siempre en la evolución; los resultados o efectos siempre tienen una causa, una justificación.

Así te encuentras tú hoy; buscando razones y las justificaciones de los eventos en tu vida. Comprende que siempre los demás influyen o por lo menos tratan de influir en nuestras vidas. Las circunstancias creadas por pensamientos colectivos influyen en el planeta, en la sociedad, y en nuestras vidas; otros seres tratan de influir en nuestros actos y frecuentemente lo logran.

Durante el periodo del sueño descansamos nuestro vehículo, el cuerpo; escapamos para tomar bríos espirituales, oír consejos y hasta continuar con algún proyecto que estamos trabajando en el mundo astral. Despertando nos olvidamos; aunque a veces se queda la intuición, o una recolección que puede beneficiarnos.

Es preciso mantenernos a tono y en armonía, con Dios y Sus Leyes Universales, que nos calman, nos armonizan; energizándonos, despertando en nosotros ideas constructivas y sanas; inspirando nuevas metas.

20 de septiembre, 2011.
(Intuición de espíritu desconocido).

Todos ustedes conocen los resultados de los malos actos; lo negativo atrae lo negativa; es una ley de la naturaleza; parte de la ley de causa y efecto.

Pensemos y actuemos positivamente, hasta en los actos más pequeños, como los gestos; evitar los gestos malintencionados; rodeándose solo de amor y bondad, de todo lo positivo; pues es una formula ganadora, vencedora sobre lo adverso y lo negativo.

Celebren la vida cuando ha sido de servicio a otros; así se festeja nuestro nacimiento o entrada a ese mundo. *(Mi cumpleaños)* Todos encarnamos, llegamos con un propósito o con una misión y si reconocemos que en parte lo hemos logrado, o estamos por realizarlo, entonces hay que celebrarlo.

¡Felicidades! Nuestro regalo para ti, hermana, es un vergel de amor con flores de los colores del cariño, convertidas en besos; así se ama aquí.

(Intuición de otro espíritu desconocido.)

No creas todo lo que escuches o leas; saca de diferentes fuentes y llega a tus propias conclusiones utilizando tu sentido común. Nadie en la tierra tiene toda la razón, todos tenemos deficiencias y fallos; por eso estamos aquí.

21 de septiembre, 2011.
(Intuición del espíritu de mi hermana Helena.)

Paz, amor, hermana querida, no podemos dudar que Dios es Bondadoso; tan y tan Caritativo.

Cada día llegan mensajes de amor; repercusiones de actos pasados; dejaste huellas amorosas. Hay que retroceder a veces, para tomar impulso; es el empuje necesario. Lo que estás haciendo en el librito está bien, cuídalo mucho; muy pronto saldrá al mundo. Lo que ocurre es maravilloso, auguramos cosas bellas, son retribuciones de acciones.

Estas avanzando a grandes pasos con los mensajes; son auténticos, reales; es una combinación; una unión de almas con grandes deseos de servir. Tú lo pediste, Dios y ellos, contestaron.

Seguirán llegando los mensajes; será mucho mejor cuando establezcas una rutina; eso está por suceder. Hay buena disposición entre todos, con la bendición de Dios. Este libro que elaboras será muy leído. Los anteriores abrieron el camino; sembraste y cultivaste el terreno. Hay quienes están esperan tus obras, tienes seguidores; los amamos y los bendecimos.

26 de septiembre, 2011.
(Intuición de espíritu desconocido.)

Si, ¡Soy yo! Siempre presto. Escucha y escribe. No hay hoja que se mueva sin la voluntad de Dos; tú lo sabes bien, tu madrecita siempre lo repetía. Ahora tú lo estás viendo y de cerca.

Toda tu vida ha sido una gran lección, por faltas que tenias que corregir; con muchas deficiencias del espíritu engreído; no pecados, sino faltas; tú misma escogiste las circunstancias presentes para purgar; desintoxicarte de tu orgullo. Ya vez, captaste la imagen del cuadro claro que te presentamos, como ejemplo de lo que se puede lograr cuando hay disposición. Un gran deseo de crecer y de servir te mueve; es tu motivación.

No hay nada que dudar, ni temer, ni rebuscar; está todo muy claro; tú escogiste, Dios lo aprobó. Viniste con el apoyo de tu madre y demás seres de luz y amor.

Ahora tienes tiempo para seguir elaborando y lo harás. Cuando te despidas de ese mundo, te irás contenta; feliz, satisfecha. ¡Liviana! Buscabas progreso; progreso tú tendrás.

28 de septiembre, 2011.

(Intuición de espíritu desconocido.)

Paz, amor, luz y progreso, hermanita. Hoy como ayer eres la misma creyente, disciplinaria, amorosa; pero esas son virtudes; las demás faltas se pueden corregir, olvidar y borrar del episodio de la vida. Lo importante es querer *"Tacharlas,"* querer es poder.

Dios envía mensajeros; siempre hay asistencia divina disponible. Es bonito esperar día a día, las sorpresas, que son regalos de Dios. Tú sabes que vendrán y te alborotas esperándolas; llegan en distintas envolturas; grandes o pequeñas; son los *"Besos de Dios"*, como todavía dice, quien fue tu madrecita,

¡Hace cinco años y medio, que Monserrate vino al mundo del espíritu! ¡Parece mentiras! Nuestra comunicación no se ha interrumpido; estamos más unidos ahora. Gilda, la iluminación viene, si, mucha luz, alegría, espacio. Si, espéralo. ¡Serás una gran médium!

29 de septiembre, 2011.

(Intuición de espíritu desconocido.)

Sí, ¡Soy yo! Como dice tu hermano Nel, Dios lo bendiga; es un hombre de paz y amor para el mundo. Somos todos distintos, pero iguales en amor de Dios, que nos une a todos con su Mano Poderosa.

Sí, tienes nuestra inspiración constantemente; es una meta mutua. No sabes hermanita, el bien que te ha hecho; tú a ti, si, así mismo, con tus plegarias te haz bañado el alma con Hierbabuena.

Ha sido una preparación voluntaria de común acuerdo, para lograr una meta; una enorme misión de paz y amor para la humanidad.

Son asuntos complejos, difícil de explicar, porque tienen tantos detalles en distintos tamaños. Debemos estimular a los demás, animarlos a persistir, logrando propósitos; sus éxitos son nuestros éxitos porque todos somos uno. ¡Somos uno!

Es tan difícil creerlo ¿Verdad? Somos únicos, pero iguales ¿Cómo es eso? Si es verdad; cada uno es una pieza individual, pero cada pieza es parte de una pieza inmensamente grande. ¡Gloriosa! ¡Magnificente! Dios; Conciencia Universal. Es por eso que hay que amar a nuestros hermanos; amándose uno, amándote tú; los amas a todos ellos.

30 de septiembre, 2011.
(Intuición de espíritu desconocido. Lago.)

En nombre de Dios Todopoderoso; fíjate en los patitos sentados a tus pies; tienen paz, confiados; a gusto con tu compañía. Perciben una energía, una frecuencia agradable; ellos sienten que eres una amiga, que no les harás dañó.

Todos los seres en la tierra captan vibraciones de los otros y de los lugares; son frecuencias transmitidas por los pensamientos; un intercambio de señales constantemente; frecuentemente repercuten y lo que enviamos, recibimos. Los humanos se auto castigan de acuerdo con sus intenciones y acciones. Hay que vigilar lo que pensamos, manteniendo armonía, paz y amor en nuestro entorno; así creamos nuestras circunstancias diarias.

No desperdicies lindos momentos en la naturaleza; embriágate del sol, la brisa, de lo que te rodea. Los patitos te cargan con su energía pura y pequeña.

26 de octubre de 2011.
(Intuición de espíritu desconocido.)

En nombre de Dios Todopoderoso; ya me conoces; que bueno que estamos compenetrados.

No veas las limitaciones, mira las oportunidades, que son tantas y tantas y dependen de nosotros. Si, tienes que mantener tu paz y tu calma para pensar y tener disposición para trabajar; nada más esencial y claro que eso.

Dios siempre está disponible; sus mensajeros responden inmediatamente; 24/7. Son un rescate, un *"Rescue Unit."* Simplemente tienes que tomar bien las riendas, siguiendo con buena voluntad y amor; esperar poder servir.

¡Ay de los pobres; los ricos, pobres! Sin paz, amor, fe, ni esperanza; están destituidos, desamparados. No *"Homeless," "Soul-less."* Mentes y espíritus vacíos con una actitud pesimista; son muertos en vida.

Nuestro Creador tiene hijos descarriados; pero no los desampara. Él sabe que de alguna forma los encarrilará, los tocará con su amor; porque como un buen Padre, se preocupa por su bienestar y felicidad.

Ahí entramos nosotros; todos somos parte del equipo de rescate. Nuestras miras están puestas, fijas en auxiliarlos, aliviarlos y guiarles; esa es nuestra meta. ¿Cómo? Con inspiraciones, ideas, con mensajes, y la manifestación de amor divino que a diario perciben y presencian en sus vidas; que los hacen reflexionar y tomar decisiones trascendentales.

Tú eres parte de nuestro equipo; una pequeña auxiliar. Sigue amando, trabajando; la tarea es bella.

27 de octubre de 2011.

(Intuición de espíritu desconocido.)

En nombre de Dios Todopoderoso; *"La vida es un sueño,"* dicen, yo digo no; la vida frecuentemente es una pesadilla; pero nosotros podemos despertar y convertirla en un sueño lindo ¿Que como es eso? No es tan difícil. Mientras tu cuerpo duerme, se desprende tu espíritu, elevándose a otro lugar, dejando tu materia reposando.

Tu alma jubilosa teniendo un momento libre se pasea, encontrándose seres amados, compartiendo, aprendiendo, con ellos, aprovechando bien ese periodo en el mundo astral.

No es necesario estar dormido para aprender a espiritualizarte o desprenderte, a sentirte liviano, ágil, y en paz. Con el poder del pensamiento lo logras; fomentando pensamientos positivos, constructivos y amorosos; reprogramándote, como dicen ahora.

En un estado de vigilia, pero con la mente y espíritu en calma, puedes ver la vida humana a través de una lupa espiritual, enfocando lo que realmente vale la pena, lo que es real; echando a un lado lo insignificante, lo dañino, lo que contamina tu mente y tu cuerpo. Ya no pierdes más tiempo en tonterías y babosadas. Sí, pensar con fe, siempre es positivo; sueñas despierto; así se logra *"La vida es un sueño."*

31 de octubre, 2011.

Ama, Gilda, amate tú, ama al mundo, ama tu trabajo, tu destino. ¡Sí, el libro tiene tanto amor! Debes estar orgullosa; también lo estoy yo; soy *¡Gabriel!*

¡Estás sorprendida! ¡Gilda, es una maravillosa sorpresa para mí también! No sabía si podría alcanzarte; pero Dios siempre sabe lo que conviene; sabe cuándo es el momento preciso. Dicen que el alumno encuentra al maestro, en el momento propicio.

Hay que mucho que hacer; mañana será grande, de muchas maneras. (*Firmó su nombre por escritura automática.*)   *GABRIEL*

(Había escuchado a Pio Gabriel unas cuantas veces en el pasado, a través de mi madrecita, Monserrate. Este espíritu sabio, nos dio mensajes maravillosos, que incluí en mis libros; Memorias y Messages. He aquí un mensaje inspirador de Pio Gabriel; 14 de julio, 2005.)

Espíritu de Pió Gabriel:

Día tras día, piensa y repite: ¿He aprendido algo en el día de hoy? ¿Aproveché mi vida? No es fácil, pero se debe preguntar y se puede lograr.

Al pasar los años no nos preocupamos mucho por aprovechar la vida, pero cada día hay una sorpresa y puede ser linda.

Se siente un éxtasis al tirar lo que no sirve del camino, es como recibir un despojo espiritual. Somos caprichosos y caemos de rodillas y nos lastimamos; pero no debemos caer; duele, y el dolor nos embarga. Nos desajustamos, sin saber que hacer; sin embargo, Dios nos pide tan poco. Si estás programado puedes ver la vereda hecha para ti, que tú has logrado, para pasar.

A veces es falta propia, por no querer pensar; no la vemos. La vida es linda, no torpe; puede ser limpia para expandirnos. Padre, gracias por querernos; Él escoge sus amigos favoritos, que son los que quieren llegar a Él, con abnegación.

Seamos justos con Dios, pero somos presumidos, orgullosos; con tantos defectos; desperdiciamos la vida. Eso le pasa a los sabihondos, que son tan pequeños y reciben exactamente lo que aportaron.

Tenemos que educarnos, no importa el grado de sabiduría, Dios siempre sabe más; por eso llegas cojeando y Él con su Misericordia te da una muleta para que no cojees; nos ama tanto y nos abraza.

Somos frágiles, egoístas, caprichosos, la pereza es tal, que no queremos pensar. Dios nos lleva por el buen camino, nos ama, y siempre nos da la mano.

Gilda eres un espíritu afortunado, porque tienes toques de los seres que te quieren, que nadie los ve, benditos por Dios. Debes decir: "Bendito sea Dios que yo hago esto porque lo siento."

Tu madre, Monserrate, es el ser que más te ha amado en esa vida. Helena y tu hermano Nel, también. Eres un espíritu fuerte, laborioso y bondadoso; un ser que le cede el escalón a otro. En ti hay una cosa bella; el amor a tu familia y a los espíritus.

A veces pensamos en los bultos pesados que levantamos por el camino, y decimos: "He aprendido mucho de eso." En ese momento té comprometes con ese Padre; le dices: "Ayúdame, ayúdame por el camino que conviene." Si tú lo dices con gran fe, sintiéndolo por tus experiencias pasadas, mira, es como si fuera una luz que se enciende en tu evolución espiritual; lo logras. Que bonito es poder llegar a un grado de bastante adelanto para tu espíritu; es un regocijo tan intimo, tan tuyo, tan apreciado, cuando el espíritu lo logra.

Hay que ser agradecido; comprometiéndose uno; y todos los compromisos hay que cumplirlos. Siempre tenemos que ser fuertes y decididos, porque cuando nos comprometemos con Él, con el Ser Supremo y estos buenos aliados, espíritus nobles que vienen aquí; hay que cumplir. Ellos, los espíritus benévolos, son seres bondadosos; cuidaron sus cosechas, sus huertos, su siembra y sus afectos.

Te voy a decir una cosa; ellos usaron su gran fe y amor a Dios. Nunca hubo pereza en ellos, para detenerse; siguieron con sus juramentos sinceros. Con un verdadero reto, un símbolo divino; un regalo de un Ser Supremo, y ellos eran incansables.

Tú ves ese buen ser, tu hermana de otras vidas; Helena, que te compromete a que tú sigas sembrando huertos; es porque ella dice, que tú no careces de nada; tienes en demasía muchas cosas, ella lo sabe; vivió contigo anteriormente dos veces; muy cerca de ti.

Ella logró muchas cosas y sabía que tú ibas en pos de tranquilidad y el bienestar; de esa alegría suprema que se logra al comprometerse con ese Padre.

Tú has luchado mucho en espíritu. Ella lo desea y te dice: "Adelante, buen ser. Hermana querida, tú has sabido detenerte, mirar y escoger lo que vale la pena."

GABRIEL

3 de noviembre, 2011.
(Intuición del espíritu de Gabriel.) (Mi mente inquieta)

En nombre de Dios Todopoderoso; ¿Pensaste que dejaría de comunicarme? No, no, imposible, tenemos muchísimo de que hablar. Hay demasiada agitación, confundiéndote; piensa que es parte del encanto de la vida; la sal y pimienta; pero sigue.

El espíritu se transporta con el pensamiento, se acomoda a distintos ambientes; no importa dónde o como; siempre estamos.

No hay barreras para nosotros; es un momento maravilloso, grandioso, de iluminación y agilidad; no todos lo logran desde luego; depende de su desarrollo y de su evolución. Es una sensación conmovedora; cuantiosas emociones; alegrías, sorpresas, curiosidad; visitas a familiares, colaboración entre amigos; también hay tristeza viendo algunas escenas mundanas.

(Un pajarito canta.) Que mejor para meditar, que escuchar el trinar de un pajarito; su canción nos alegra y nos ayuda a desprendernos de la rutina.

5 de noviembre, 2011.
(Intuición del espíritu de Gabriel.)

En nombre de Dios Todopoderoso; aquí estamos de nuevo. Dichosos somos que volamos como aves; así podemos volar nosotros los espíritus con nuestras alas invisibles; son *alas místicas*.

Hermana, que bueno que buscas paz; te ayuda tanto esa calma, esa serenidad que anestesia, y flotas en un desprendimiento. Sigue practicando la escritura automática; ya la hiciste y dejaste, por circunstancias, pero que lograrás de nuevo.

6 de noviembre, 2011.

(Intuición del espíritu de Gabriel.)

En nombre de Dios Todopoderoso; estamos aquí cerca; algunos lejos, pendientes, al tanto.

Hay mucho más que hacer; creciendo, anotando, escribiendo, haciendo tus notas, sigue compilando; encarrilada estás, bien encarrilada. *"On track."* Es cuestión de terminar el libro. Te amamos.

10 de noviembre, 2011.

(Intuición del espíritu de Gabriel.)

En nombre de Dios, Todopoderoso; Gilda, que positivo es aprender. Siempre hay lecciones, no digo de escuelas o centros docentes; digo lecciones en la vida diaria. Siempre algo se aprende al detenernos, al contemplar, reflexionar, analizar y retener detalles, que pueden ser bellos, o no, pero algo se aprende. Nos enriquecemos deteniéndonos, en la marcha veloz.

¡Sí, sí, soy yo, Gabriel! Es lindo, lindo, lo que está ocurriendo; es una unión de pensamientos, de almas abnegadas con un mismo ideal y meta; que se aman. Lo que pides, en parte se te está dando. *(Pedí recibir mensajes, por escritura automática.)* Vendrá lo ideal; lo totalmente automático, sin tu mente interferir.

*(Firmó una **G**.)*

22 de noviembre, 2011.

(Intuición del espíritu de Gabriel.)

En nombre de Dios Todopoderoso; oye bien Gilda, estamos convencidos que pronto nos verás; prepárate. Al principio será un shock por la sorpresa y la alegría, pero cuando te pase el sobresalto, te regocijarás, pues logras un escalón más, un paso más de adelanto.

(No sabia si era tiempo de suspender los mensajes para el libro.) Sabrás cuando hacer pausa; calma, no pierdas la cordura, ni tu ritmo, todo marchará bien

29 de noviembre, 2011.

(Ayer Gabriel dijo que en unos días me dictaría la última página del libro. Hoy desperté tarde, esperaba visita y para no ser interrumpida, rapidito encendí mi velita e inicie mi oración, pero escuché: "En nombre de Dios Todopoderoso."

Pensé que era mi mente, volviendo a la oración; escuche otra vez: "En nombre de Dios Todopoderoso." Sabía que Gabriel tenía un mensaje para mí.)
(Intuición del espíritu de Gabriel.)

Escuchaste mi señal, que bueno; quiere decir que estás siempre receptiva. Hermanita querida y amorosa, todo llega a un final aparentemente, pero son ciclos; repito, nada termina en el Universo.

Mantente calmada; te ayuda, nos ayuda; debemos completar varios proyectos, lo sabes muy bien. No hay porque dudar, todo es realidad, esa es la pura verdad. Te diré que has laborado muy bien y el libro estará listo pronto; eso lo sabemos. Gracias por estar dispuesta y por tu encomiable amor. Vive tu vida cumpliendo con el deber bendito que Dios te dio; es tu asignatura por hoy y hay que entregar el examen terminado para aprobar materia.

No debemos dejar pasar esta oportunidad para agradecerle a todos esos seres espirituales, que han colaborado en distintas formas en nuestra empresa.

Somos un grupo enorme de espíritus con luces; cada uno con su linterna, deseosos de iluminar a la humanidad; unidos en una misión y empeño grande.

Queremos dejar nuestro legado de amor y paz en estas páginas, para que todos puedan calmar sus ansias y angustias terrenales; escalando la montaña de la fe, la esperanza y el amor fraterno; todos obrando por la paz del mundo.

Cada uno y muchos que somos; aportaremos vibraciones de luz, iluminando al lector mientras se detiene a hojear estas páginas.

Esperamos dejar en sus almas, semillas doradas por el Sol de Dios, iluminadas por las Estrellas de Dios, y radiantes por la Caridad de Dios; es nuestro regalo.